포괄적 평화교육

Comprehensive Peace Education

포괄적 평화교육
Comprehensive Peace Education

초판 1쇄 인쇄 2021년 2월 18일
초판 1쇄 발행 2021년 2월 26일

지은이 베티 리어든
옮긴이 강순원
펴낸이 김승희
펴낸곳 도서출판 살림터

기획 정광일
편집 온현정
북디자인 이순민

인쇄.제본 (주)신화프린팅
종이 (주)명동지류
주소 서울시 양천구 목동동로 293. 22층 2215-1호
전화 02) 3141-6553
팩스 02) 3153-6555
출판등록 2008년 3월 18일 제313-1990-12호
이메일 gwang80@hanmail.net
블로그 https://blog.naver.com/dkffk1020

ISBN 979-11-5930-180-3 93370

Comprehensive
Peace Education

포괄적 평화교육

베티 리어든 지음 | 강순원 옮김

살림터

평화교육계에서 베티 리어든은 거의 선구자라 할 수 있다. 베티 리어든과 컬럼비아 대학교의 평화교육센터가 없었다면 오늘날 평화교육이 평화학의 단일 주제로 자리 잡지 못했을 수도 있다고 로레타 카스트로Loreta Castro 교수는 말한다.

베티 리어든은 반핵평화교육, 인권교육, 젠더 친화적 평화교육, 평화교수법 등 소극적 평화와 적극적 평화를 포괄하는 평화교육론을 모색·발전시켰을 뿐만 아니라 이를 미국 학교의 공식 학습과정으로 도입·정착시켰고 유네스코 차원에서 전 세계가 공통으로 추구해야 할 보편 가치로 부상시켰으며, 나아가 시민사회와 연대하여 평화교육 운동을 확산하는 등 평화교육 글로벌 네트워크를 활성화시키는 데 현저한 공헌을 했다.

특히 1980년 이후 자신이 설립한 국제평화교육연구소(IIPE)를 통해 전 세계 권역별로 이동하며 평화교육 워크숍을 개최하여, 포괄적 평화교육의 현지화를 위해 노력했다. 2003년 한국에서도 유네스코 아시아태평양국제이해교육원(APCEIU)과 IIPE가 공동으로 평화교육 워크숍이 개최되었지만, 아쉽게도 그 후 후속 협력 활동은 이어지지 않았다.

백의민족으로 상징되는 한국인의 평화의식을 베티 리어든의 '포괄적 평화' 개념으로 담아내기는 쉽지 않다. 더구나 소극적 평화와 적극적 평화를 포괄하는 평화교육은 한국의 평화교육 담론을 지배하는 통일교육이나 학교폭력예방교육 영역에서 수용하기 쉽지 않을 듯하다. 그러나 21세기에도 여전히 냉전 시대의 유산이 남아 있는 한반도 상황에서 평화교육의 포괄성은 '우리 시대, 우리만'의 특수성을 강조하는 협소한 평화교육 개념에서 탈피하여 평화적 생존권을 향한 보편적 틀로 우리의 평화교육을 재구성하게 할 것이다.

베티 리어든은 소극적 평화의 의미를 인간이 만든 제도인 전쟁의 전면 폐지로 재정의하고 적극적 평화의 의미를 무력 분쟁에 의지하는 것이 더 이상 용인되지 않는 사회 질서로 재정의하면서 소극적 평화와 적극적 평화 모두를 아우르는 포괄적 평화교육을 제안한다. 그리고 평화연구와 평화교육이 결합되어야 하며 특히 통전적holistic 평화 교수법 개발에 주력해야 한다고 강조한다. 이를 위해서는 무엇보다 평화교육자들의 네트워크가 요구된다. 원래 이 책의 부제인 '세계적 책임을 갖도록 교육함(Educating for Global Responsibility)'이라는 말이 시사하듯이, 베티 리어든에게 평화교육은 세계시민교육이다. 이런 의미에서 이 책의 번역은 평화라는 보편적 가치의 공유와 확산을 위한 글로벌 네트워크의 확충에 기여할 것이며, 학문적 교류 및 연대가 번역을 통해 공고해진다는 믿음 위에서 진행되었다.

20년 전 열성적으로 워크숍을 진행하던 베티 리어든의 모습이 지금도 생생하다. 번역 과정에서 이메일을 주고받으며 받은 느낌도 여전하다.

90세가 넘은 나이에도 평화교육에 대한 열정은 조금도 식지 않은 것 같다. 한국어판 서문을 새로 써서 보내 준 베티 리어든에게 특별히 감사드린다. 그리고 한국어판의 구성이 짜임새 있게 되도록 지원한 토니 젠킨스Tony Jenkins, 베티 리어든과 옮긴이의 오랜 지인으로 한국어판 출판을 평화교육 동지로서 축하해 준 로레타 카스트로, 교육출판운동가인 살림터 정광일 사장님에게 감사드린다.

2021년 1월 31일
강순원

2020년 혼란의 해에 당혹하고 희망의 해에 고무되다

필자는 평화교육에 대한 기본적인 논평들을 담고 있는 이 책이 개별적인 학습 상황에 따라 다양한 해석과 변용이 가능하리라는 희망을 가지고 있다. 사회적 맥락에 따른 다양한 해석과 변용은 평화교육이 항상 필요로 하는 새로운 관점과 주제가 출현하는 하나의 경로다. 이 책의 효용성은 정의롭고 평화로운 인류의 미래를 위해 전 지구적 관점에서 평화교육의 초국가적이고 다문화적인 성격을 인식하고 세계적 연대와 교육 협력을 위해 같이 힘쓰자는 데 있다.

그런 의미에서 이번에 한국어 번역본이 출간된다는 소식에 반갑고 기쁜 마음으로 한국의 독자들에게 인사를 드린다. 번역은 상호 학습과 더 나아가 여러 시각에서의 공동 연구를 가능하게 한다. 평화교육의 범세계적 실천 방안을 개발하고 지속시키는 데 활력을 불어넣어 온 평화교육자들의 소통 확대에 크게 이바지할 한국어 번역본을 만든 한신대학교 강순원 교수에게 진심으로 따뜻한 감사를 보낸다. 전 지구적으로 혼란에 빠진 현재의 상황에서도 아시아 평화교육자들의 노력은 반가운 희망의 원천이 되고 있다. 이 책의 번역이, 한국의 평화교육자들로 하여금 동시대 평화교육의 이론과 실천에 오랫동안 기여해 온 아시아 지역 평화교육자들과 활기찬 네트워크를 맺고 서로의 지식을 나누고 협력을 모색하는 계기가 되기를 희망한다.

이 책의 보론은 원래 영어판의 조속한 재발간을 기대하며 2019년판 서문으로 작성되었다. 그것은 다음과 같이 시작되었다. "지난 10년간 개인의 삶은 파괴되었고, 이전에 번성했던 공동체들은 궁핍해졌으며, 기존의 억압은 심화되었고, 사회 전체가 충격적 고통을 경험했으며, 핵 시계의 바늘은 점점 더 자정에 가까워졌고, 지구의 생물권은 더욱 위태로워졌으며, 25년 동안의 평화교육 실천에서 배운 바를 집약해 1988년에 발간한『포괄적 평화교육』의 기본 가정들이 흔들렸다."

2020년 코로나 재앙과 혼란이 닥치기 전에 쓴 2019년판 서문에 대해 약간의 해명을 해야겠다. 이 서문의 의도는 평화 관련 문제, 궁극적으로 평화교육 실천에 현저한 영향을 미친 최근 수십 년간 새롭게 전개된 상황을 검토하는 것이었다. 하지만 2020년 한 해 동안 평화 관련 문제의 맥락은 지난 30년의 변화와 맞먹을 만큼 극적으로 바뀌었다.

이번에 다시 쓴 한국어판 서문은 우리의 실천에서 대단히 부족하다고 여긴 절박감과 위기의식에 더욱 선명하게 초점을 맞추었다. 필자는, 미래를 내다보자고 주장하는 다른 사람들과 마찬가지로, 대부분의 평화교육자들이 일찍이 경험하지 못한 이 혼란의 해가 초래한 위기로 불의의 일격을 맞았다. 1988년 이후 평화 관련 문제가 점진적으로 변화하는 것을 보아 왔던 필자는 이번 혼란의 기저에 있는 본질적인 근본 요인을 충분히 이해하지 못했던 것 같다. 지난 1년 내내 인터넷과 출판물에서, 특히 팬데믹 초기 '평화교육을 위한 글로벌 캠페인Global Campaign for Peace Education'에 정기적으로 게재된 「코로나 커넥션스The Corona Connections」에서 필자는 동료들에게 생소하고 잘 알지 못하는 교육의 바다로 담대하게 뛰어들자고 요청하면서도 그 바다를 그토록 험하고 거칠게 만드는 요인들의 힘을 제대로 파악하지 못했다. 그것들은 필자와 동료들이 알지 못했거나 완전히 등한시한 문제가 아니었다. 필자는 그 깊이와 완강함을 인지하지 못했을 뿐만 아니라, 동료들이 어떻게 거의 모든 평화 문제와 그 해결에 관한 논쟁에 관여하게 됐는지 완전히 이해하지 못했다. 아마도 우리의 가정들을 탐구하고 실천을 발전시키는 동료 간의 토론이 잘 이루어지지 않은 것은 팬데믹에 의한 격리 때문이었을 것이다. 필자는 평화교육 분야에서 새롭게 부각된 현상에 대한 개념화 과정 및 다양한 형태의 폭력과 불의에 대한 시야 확장에 몰두했지만, 평화와 정의를 성취하기 위해 배워야 하는 것의 본질을 개념화하는 데 매우 중요한 정동情動적 요인을 고려하지 못했다.

고통스러운 2020년이 끝나야만 평화 관련 문제의 두 가지 핵심 요소인 '두려움'과 '이성에 대한 거부'의 중첩이 갖는 중요성을 제대로 알 수 있

⁕ www.peace-ed-campaign.org

을 것이다. 그러나 이 두 가지 핵심 요인에 고도로 집중해야만, 오늘날 평화교육이 직면한 도전인 실존적 위협의 진화에 그것들이 어떻게 작용했는지 알 수 있다고 확신한다. 이 요소들에 영감을 준 의견과 재조명된 교훈은 여전히 타당하지만, 초기 단계의 모든 접근법과 체계가 그렇듯이, 이 요소들 역시 검토와 평가가 필요하다. 나아가 그러한 평가에 사고(분별력)뿐만 아니라 마음의 정동적인 관성, 즉 생존 자체를 위협하는 현재의 위기 상황으로 우리를 몰아넣은 강한 인간적 감정을 특별히 고려할 것을 권고한다.

위기 가능성이 높은 정책과 행동을 연구할 때 그 기저에 있는 관심, 감정, 태도, 관점 등도 살펴보아야 한다. 퇴보적이고 국수주의적인 권위주의가 세계의 모든 지역에서 놀라운 지지세를 확보하고 우리를 압도하는 충격적인 혼란을 야기하면서, 이와 같은 관점과 태도는 많은 국가의 정책과 사회적 관계에 심대한 영향을 미쳤다. 이와 동시에 인권과 사회정의를 위한 세계적인 운동 역시 거대한 비폭력적 방식으로 분출되고 있는데, 우리가 혼란을 헤쳐갈 수 있다는 희망을 주고 있다. 대체로 Z세대의 10대와 20대의 청년이 주도하는 반인종주의, 인권 옹호, 기후정의 운동은 평화의 정치politics of peace에 밝은 장래를 기약한다.

그와 같은 정치의 출현 가능성은 경합하는 평화운동들 사이의 투명하고 진실한 소통의 정도에 따라 높아진다. 그런데 정의와 평화에 기여하는 태도 및 세계관에 상반된다고 여기는 것들을 이해하지 않으려 하거나 교류할 준비가 되어 있지 않다면 그러한 소통은 불가능하다. 특히 모든 평화 활동에 필수적인 두 가지 요인—권위주의와 폭력을 조장하는 두려움과 이성에 대한 거부—을 이해하고 직시해야 하며, 우선 그러한 두려움과 이성에 대한 불신을 진정으로 이해하는 것을 목표로 해야 한다. 그러한 이해가 있어야만 두려움과 생각이 크게 다른 사람들과 꼭 필요하고 극히 도전적인 대화를 해 나갈 수 있다.

다름에 관한 대화의 준비로서 평화교육자들 사이의 다름을 더욱 깊이 있게 성찰하는 것부터 시작해도 좋다. 어떤 종류의 두려움은 대다수 사람들의 생각에 영향을 미친다는 것을 인정하자. 다른 사람의 두려움을 이해하는 방법을 배우는 것은 진실한 대화를 해 나가는 법을 배우는 시작점이다. 두려움만큼 진실을 보기 어렵게 하는 것은 없다. 두려움만큼 쉽게 증오를 불러일으키는 것은 없다. 두려움만큼 이성에 저항하는 것은 없다. 두려움만큼 권위주의를 받아들이도록 효과적으로 현혹하는 것은 없다. 두려움과 이를 부추기는 이성에 대한 거부만큼 평화교육에 더 큰 도전은 없다. 용기와 이성적인 성찰처럼 희망을 구현하는 것은 없다. 두려움과 희망은 거의 같은 정도로 2020년의 정치를 추동했다.

최근 몇 년 동안 모든 대륙에서 민주주의를 훼손하는 권위주의적 포퓰리즘과 민족주의적 근본주의가 발흥한 것의 이면에는 두려움이 자리하고 있다. 독재자가 되려 하는 자들이 실재하는 또는 지어낸 다양한 공공 안녕에 대한 위협과 외국인혐오증적 '타자' 증오를 부채질하면서, 미국과 여러 나라의 2020년 선거에서 소외와 양극화의 정치는 명백하게 최악의 상태에 이르렀다. 동시에 이런 추세에 대항하는 운동이 출현해, 시민사회가 진정으로 세계적인 올해의 두 경험이 영감을 준 행동에 나설 것을 요구한다.

모든 사람에게 죽음과 경제적 고통을 안겨 준 COVID-19와 정체성에 근거한 모든 억압을 근절시키려는 운동으로 변화하고 있는 '흑인의 생명도 소중하다Black Lives Matter'가 그것이다. 이렇게 빈곤 증가, 질병, 죽음에 대한 두려움과 타자(다른 인종, 이주민, 망명 신청자)에 대한 두려움이 뒤섞인 강력한 독성 칵테일이 여러 국가의 국민을 감염시켰지만, 평화와 정의의 정치에 대한 가능성을 끈질기게 놓지 않는 사람들 사이에서 강력한 해독제가 생겨났다. 두려움, 증오, 환경오염이라는 사회정치적 질환에 대한 항체는 평화교육의 목적에 필수적인 가치들, 그중에서도 보편적인 인간 존엄성, 지속 가능한 지구 그리고 존엄성과 지속 가능성을 달성할 수 있게 하는 민주정치였다.

코로나 팬데믹과 인종차별에 대한 대응 부족에 따른 두려움과 아울러 이러한 평화 가치들에 대한 옹호가 세계 도처에서 수많은 사람을 거리로 쏟아져 나오게 했다. 시민사회는 이성의 거부에 직면했는데, 많은 국가의 시민이 배타적 민족주의를 내세워 시민의 기본적 인권을 훼손하는 권위주의 정권을 투표로 인증했다는 점에서 너무나도 위태롭지만 명백히 드러났다. 인종주의와 종교적·정치적 근본주의가 부채질한 분별력의 부족은 사람들을 코로나 참화에 더욱 취약하게 만들었다. 포퓰리스트들이 권위주의 정권에 의해 부정된 바로 그 인권의 이름으로 바이러스에 대한 과학자들의 이성적 대응을 거부했기 때문이다.

투명하고 상대를 존중하는 정치 담론에 참여하기 위해 그와 같은 마음의 관성을 이해하려면, 평화교육자들은 정의와 평화 일반에 관해 가장 확고하게 공유되는 가정들뿐만 아니라 특히 이에 반대하는 사람들의 관점과 가치에 대해 어느 정도 이성적 성찰을 거부했는지를 평가하면서 자신의 두려움과 정직하게 마주할 수 있도록 더 깊이 성찰해야 한다. 우리 자신의 두려움이 평화를 위한 학습을 증진시키기 위해 이해해야만 하는 본질적인 진실을 모호하게 했는가? 이런 성찰이 2020년 이후의 세계에서 좀 더 적합하고 효과적일 수 있는 주제와 교수법을 개발하는 데 필수적인 선행 조건이라고 믿는다.

우리의 관심·가치·가정이 끊임없는 재검토에 열려 있어야만 진정으로 투명하고 솔직한 정치 담론과 피할 수 없는 다름에 관한 대화에 시민이 참여하도록 준비시키는 데 필요한 평화교육의 통합성을 성취할 수 있다. 미래는 세상을 다르게 보지만 협상해야 하는 사람들과 어떻게 관계하느냐에 달려 있다. 생존 가능한 미래가 달리 있을 수 없다. 따라서 논쟁에서 이기기 위해서가 아니라 공통의 진실을 밝히는 것을 지향하고 건설적인 논쟁적 대화에 참여하는 능력을 키우는 데 우리의 연구와 교육을 바치도록 하자. 진실을 인정하고 숭상하는 기풍을 일궈 내자. 우리 자신의 두려움과 대화 상대의 두려움을 이해하고 극복하도록 노력하자.

2020년 11월 25일

베티 리어든

서문

이 책에 반영된 생각들은 필자에게 하나의 시작일 뿐이며, 독자에게도 그러하길 희망한다. 평화교육은 활기찬 신생 분야이고 새로운 프로그램과 접근법을 개발하는 기회를 많이 제공한다. 실제로 오늘날 인류 사회의 가장 절박한 요구인 정의롭고 평화로우며 존립 가능한 국제정치 질서를 수립하는 데 '세계적 책임global responsibility'을 다하라는 요구에 응답할 수 있는 완전히 새로운 체계의 교수법을 개발하는 기회를 제공한다.

이 책에는 평화교육의 발전과 미래에 대한 필자의 주관적인 생각과 희망이 담겨 있다. 평화교육의 형성에 기여해 온 이념과 사람과 사건, 즉 평화교육 운동의 역사도 분명히 필요하지만 굳이 평화교육의 발전을 역사적으로 개관하려고 의도하지는 않았다. 실은 평화교육에 대한 필자의 이해가 여러 해 동안 많이 변했기 때문에 이 책에 반영된 생각들은 필자의 평화교육 경험에 대한 설명이자 평화교육자로의 성장에 대한 이야기다.

이 책은 필자가 세계정책연구소World Policy Institute 주관 프로젝트에 참여한 직접적인 결과물로서 쓰게 되었는데, 동 연구소의 학술활동 프로그램 책임자였던 바버라 비인Barbara Wien과 공동으로 프로젝트를 수행했다. 바버라와 필자는, 일선 교사가 바로 이용할 수 있는 평화교육 교재를 만들 자원도 필요하지만 교육자와 시민 모두가 평화교육이 왜 필요하며 무엇으로 구성되어 있고 어떻게 추구되어야 하는지를 쉽게 이해하도록 평화교육을 정의하는 것에서 프로젝트를 시작해야 한다는 데 의견 일치를 보았다. 우리의 프로젝트가 이 과제에 의미 있는 기여를 할 것으로 본 것이다.

그런데 교사들이 설계한 교육과정을 조사하여 수집한 자료를 검토하면서 교육과정 지침을 마련하기 시작하자마자 '평화'라는 단어에는 많은 정의와 내포가 담겨 있을 뿐만 아니라 '평화교육' 자체도 평화교육자라는 사람들에게조차 여러 가지를 의미한다는 것이 드러났다. 필자 역시 장차 무엇이 될지도 모르는 걸음마 단계의 평화교육을 구체적으로 정의하고 한정짓는 것이 섣부른 일이라고 느꼈다. 하지만 필자는 연구와 현장에서 평화교육에 관한 생각을 나눠 온 동료들을 통해 그때 비로소 평화교육의 교수법적 목적과 정치적 목표를 더욱더 분명하게 의식하게 되었다.

우리는 비폭력적인 정치를 준비하는 당면 목표를 넘어서 우리가 마주한 폭력적인 상태의 근본 원인을 규명할 필요가 있다. 그래야 지금 우리에게 엄습한 끝없는 폭력의 악순환을 끊어 내는 데 교육을 어떻게 활용할 수 있을지 결정할 수 있다. 이 책은 이런 과제를 시작하려는 필자의 노력이다.

이 책의 자매편인 *Educating for Global Responsibility: Teacher-Designed Curricular for Peace Education, K-12* (New York: Teachers College Press, 1988) 참조.

필자가 이해한 바를 간결하게 말하면, 평화교육의 전반적 목적은 세계시민global citizen으로서 역할을 할 수 있게 하는 진정한 지구적planetary 의식의 개발을 촉진함과 아울러 사회구조와 이를 만들어 낸 사유방식을 변화시켜 인류의 현 상태를 변혁하는 것이다. 이러한 변혁 명제를 평화교육의 중심에 두어야 한다는 것이 필자의 관점이다.

이런 맥락에서 변혁이란 사고방식, 세계관, 가치관, 행동, 관계 등과 우리의 공적 질서를 형성하는 구조에 영향을 미치는 세계적인 문화적 변화를 의미한다는 점을 강조하는 것이 중요하다. 그것은 국민국가 출현 이래로, 어쩌면 정주 문명 출현 이래로 인간의 의식과 인류 사회에 발생한 그 어떤 것보다 훨씬 큰 규모의 변화를 뜻한다. 이는 결코 작은 과제가 아니며, 교육과정 개발은 그와 같은 변화 과정에 가장 작은 요소에 지나지 않는다.

사실 필자가 주창하는 평화교육의 포괄적인 형태는, 아무리 넓혀도 인류의 참 인간화를 지향하는 복합적인 추세의 일부로 진행되고 있는 변혁적 학습 과정에 제한된 기여만 할 수 있다. 이러한 긍정적인 발전에 더 큰 폭력, 분파주의, 소외 및 생명 경시 등 반대 경향이 가로막고 있다. 교육에 주어진 도전은, 이러한 가로막을 극복하기 위해 긍정적인 추세의 모든 요소가 시너지 효과를 낼 수 있게 만드는 도구로 교육 자체를 변혁하는 것이다.

필자가 이 가능성 있는 변혁의 본질을 깨닫기 시작한 것은 아주 최근의 일이다. 필자 자신의 경험이 수년간 평화교육에 종사해 왔던 다른 이들의 경험과 비슷하다고 생각된다. 우리의 인식과 그에 따른 전문적 실천은 세 단계를 거쳐 왔다. 각 단계를 특징짓는 접근법은 오늘날 평화교육에 다양한 형태로 남아 있다. 각 접근법은 일정 정도 필자 연구의 일부이기도 하다. 세 단계의 접근법 모두 이 책에 반영된 생각들 전반에 엮어져 있다.

지적 내용 면이나 교수방법론 면에서 어느 하나가 다른 것보다 낫다고 말할 생각은 없으며, 각각은 포괄적 접근에서 나름의 몫을 가지고 있다는 데 동의한다. 그러나 후속 단계가 선행 단계보다 더 깊고 폭넓은 접근법을 사용하는 것은 분명하다. 따라서 평화교육의 현재와 미래 방향에 대한 논의에 필요한 발전 배경을 짚어 보고 몇 가지 기본적인 용어를 정의하기 위해 세 가지 접근법을 구별해 살펴보자.

지금까지 발전을 이루어 온 세 단계는 제2차 세계대전 종전 이후 시작된 '개량reform' 단계, 1960년대의 '개혁reconstructive' 단계, 지금도 진화하는 '변혁transformational' 단계다. 각 단계에서 사용된 접근법은 전쟁의 원인에 관한 논의 그리고 평화에 필요한 조건을 창출하는 데 교육이 어떻게 도움이 될 수 있을지에 관한 나름의 가정들을 특징으로 한다. 각 접근법은 서로 다른 정치적 목표를 품고 있으며 그에 따라 조금씩 다른 교수법적 목표를 추구한다.

개량적 접근법의 목표는 전쟁을 방지하는 것이며, 전쟁 방지와 군비경쟁 억제에 초점을 둔다. 중간 목표 달성에 요구되는 변화를 포함해 그 목표를 달성할 수 있는 변화는 오직 사람들—특히 시민—과 국가들의 행동 변화다. 따라서 중심 명제는 "만일 사람들과 국가들이 비폭력적 대안을 더 고려하고 다르게 행동했다면 전쟁은 방지될 수 있었다"는 것이다.

개혁적 접근법은 이러한 행동상의 목표를 넘어서 국제 시스템 개편, 전쟁 철폐, 전면적 군비축소를 추구한다. 따라서 행동의 변화보다는 주로 구조와 제도의 변화를 목표로 한다. 개혁적 교육은 제도를 변화시키는 방식에 초점을 맞추며, 갈등 해결과 평화유지를 위한 세계적인 기관들의 근간이 되는 생각을 탐구한다.

변혁적 접근법은 더 크고 포괄적인 목표, 즉 군비경쟁과 전쟁뿐만 아니라 모든 폭력의 배제를 추구한다. 변혁적 접근법의 목표는 개인 간 상호작용뿐만 아니라 국가 간 상호작용에서 폭력이 용납되지 않게 하고 외교정책에서 폭력적 결과가 수용되지 않게 하는 것이다. 이 접근법이 추구하는 변화는 행동과 제도의 변화에 더해 주로 가치관 형성 및 사유방식에서의 변화다. 필자가 보기에, 평화교육의 미래를 가장 확실하게 담보하는 것은 변혁적 접근법이다.

세 접근법 모두를 관통하는 공통된 요소의 하나는 가치문제에 대한 강조다. 이 점이 바로 평화교육이 그토록 논쟁적이었던 주된 이유다. 예를 들어 개량적 접근법은 사회적 가치가 적용되는 방식, 특히 공공 정책을 형성하는 방식에 도전한다. 개혁적 접근법은 가치의 적용뿐만 아니라 가치 도출 과정과 정책 입안 방식, 즉 시스템 자체에 도전한다. 변혁적 접근법은 여기서 한 걸음 더 나아간다. 가치가 적용되는 방식과 현재 시스템의 제도적 가치에 문제 제기를 하는 것은 물론이고 몇몇 근본적인 가치 전제와 사회질서의 기초에 도전한다.

세 접근법에는 각기 다른 종류의 교수법이 투영되어 있다. 개량적 접근법과 개혁적 접근법은 일반적으로 강의 방식instructive mode을 채택한다. 이는 우리가 알려 줄 필요가 있다는 생각인데, 확실한 정보를 제공하고 개량이나 개혁에 필요한 아주 중요한 과정에 사람들이 참여할 수 있게 해 주는 능력을 개발한다는 것이다. 변혁적 접근법에서는 '말하게 하기', 이끌어 내기, 배우기라는 의미의 교육적 방식educative mode에 더 중점을 둔다. 변혁을 지향하는 포괄적 접근법의 개발에서 교육적 방식이 평화교육 교수법의 중심이 되기를 필자는 희망한다. 이것이 세계적 책임을 효과적으로 배우게 하는 '평화 교수법pedagogy of peace' 개발에서 많은 사람이 성취하려고 노력해 온 것이다.

　포괄적 평화교육은 공식 교육formal education의 모든 학년·과목에서 실시되는 평화교육을 함축한다. 그렇지만 공식 교육은 진정한 평화를 이루는 데 필요한 전체 교육과정의 한 요소일 뿐이다. 이 책 대부분에서 필자는 주로 공식 교육, 특히 교사와 초·중등 학생의 교육에 관심을 기울일 것이다. 하지만 여기서 논의된 일반 원칙은 공식이든 비공식이든 교육이라는 의도적 학습의 모든 영역에서 그리고 일생을 통해서 작동할 수 있고 또 그래야 한다.

　필자는 각 생애 단계와 경험 국면에 필수적인 교육, 만물은 끊임없이 변화한다는 가정에 기초한, 그리고 문화·지정학적 환경과 생애 단계 등이 다르면 다른 종류의 지식이 필요하다는 이해에 기초한 '발달 교육developmental education'을 진정으로 제안한다. 하지만 일부 공통된 원칙과 가치는 인간 교육의 모든 영역에서 또한 모든 학습과정에서 작동해야 한다. 필자는 이 원칙과 가치 중에서 교사와 학생을 위한 포괄적 평화교육과 관련된 것의 개요를 밝히려고 시도해 왔다. 한편으로 포괄적 평화교육은, 관련된 모든 것을 파악한다는 측면과 지구에 사는 인간의 상호작용 및 인류와 지구 사이의 상호작용을 이해한다는 측면에서 '세계적인' 교육을 의미하기도 한다.

　이 책에서 필자는 평화학peace studies보다는 평화교육peace education에 주로 관심을 두었다. 평화교육은 학습과정에 중점을 둔다는 점에서 평화학과 구별된다. 보다 포괄적인 용어인 평화학은 대체로 평화연구peace research를 통한 구체적인 지식의 획득 과정을 함축한다(제4장에서 논의할 것이다). 평화학이 주로 학문 영역에 속하기 때문에 '평화교육'과 '평화학'이란 용어는 흔히 초·중등 수준과 대학 수준의 시도를 구분하는 데 쓰인다. 그러나 이 책에서는 그것들이 실행되는 공식적인 교육 수준보다 교육적 과제와 관련된 각각의 강조점—평화교육은 교육education이라는 학습과정에, 평화학은 학문studies이라는 지식의 획득과 구사에 강조점이 있다—에 더 관심을 기울인다. 둘 다 중요하지만, 필자는 지식의 적용에 필수적이라고 믿는 학습과정을 어떻게 용이하게 할 수 있느냐에 더 관심이 있다.

이 책 전체에서 중요한 용어가 몇 개 더 있다. 평화교육과 평화학을 위한 교육과정 개발에 필요한 지식의 토대는 주로 '평화연구'의 결과물이다. 여기서 평화연구는 하나의 학과목으로 평화학에 학문적 프로그램의 기반을 제공한다. 그러나 이 세 부문—평화교육, 평화학, 평화연구—은 모두 전체 '평화학습운동peace learning movement'의 작은 부분일 뿐이다. 그런데 평화학습운동 역시 오늘날 전 세계에서 일어나고 있다고 이미 언급한, 전반적인 '변혁적 학습운동'의 한 구성 요소에 불과하다. 평화행동peace action 또는 일부에서 말하는 평화발전peace development—공적 영역에서 평화학습을 수행하고 평화에 관한 지식을 적용하는 구체적인 시도—은, 더 큰 평화학습 과정의 결과물이자 구성 요소다. 평화행동은 주로 개량적이고 개혁적인 성격을 갖는데, 많은 실천가의 궁극적인 목적은 변혁을 향한 효과적인 행동을 준비하는 것이다.

필자는 포괄적인 평화교육이 연구·학습·행동의 세 분야 모두에서 발전을 조정하고 해석하는 것을 보고 싶다. 이 책을 통해 사람들이 자신의 해석을 만들고, 학생에게 평화행동을 준비시키는 방법을 실험하는 용기를 갖길 희망한다. 그리고 무엇으로 그런 준비를 해야 하는지에 관해, 평화교육에 진정 포괄적으로 접근하는 기초를 마련하는 데 지금까지의 경험이 어떻게 사용될 수 있는지에 관해 담론을 시작하길 바란다. 평화교육은 중대한 전환점에 있다. 평화교육자들 사이의 협업과 교류가 절실하다고 공감하는 사람들이 매우 가능성 높은 기반 위에 포괄적 평화교육을 모든 초·중등 교육의 핵심으로 만들고 발전시키는 일에 동참할 것을 강력히 권한다.

제 **1** 장

개인적 시각과
일반적 접근

이 책에 반영된 생각들이 독특하고 개인적인 것이므로 필자의 평화교육 철학에 영향을 미친 특정한 요인들의 개요를 설명해야 독자들이 그것을 이해하는 데 도움이 될 것이다. 필자가 평화교육자로 성장해 온 과정을 되새기면서, 이 책에서 제시한 개념 정의와 방향을 형성시킨 주요한 네 가지 영향 요소를 알게 되었다: 세계 질서 연구, 초국가적 협력, 미국 내 네트워크 형성, 페미니즘 연구가 그것이다.

세계 질서 연구

연구 방식

평화연구와 평화교육을 수행하기 위해 설립된 세계질서연구소Institute for World Order는 1963년 고등학교 프로그램을 시작으로 중등교육 분야에서 업무를 시작했다. 필자는 그 프로그램을 총괄하기 위해 중등학교 사회과 교사를 그만두었다. 그 프로그램을 태동시킨 가정은, 첫째, 중등학교에서의 시민교육civic education이 광범위한 미국 시민을 대상으로 진지한 평화 이슈 연구를 소개하기에 가장 유망한 무대라는 것, 둘째, 국제 평화유지 및 분쟁 해결을 위한 적절한 절차의 부재가 전쟁의 주요 원인이라는 것이었다. 교육의 과제는 미국 시민에게 새로운 국제기구들의 가능성을 전쟁의 대안으로 소개하는 것이었다. 초기에는 교재를 개발하고 평화유지 및 분쟁 해결을 가르칠 교사를 양성하는 데 주력했다. 첫 5년간 개발된 접근법은, 평화유지 및 분쟁 해결 연구에 대한 체계적 연구 방법과 미래 지향적이고 가치에 기반을 둔 전 지구적이고 학제적인 맥락 안에서 이슈 연구가 이루어져야 한다는 주장에 기초했다.

1960년대에는 '세계교육global education'의 선구자 격인 '국제교육inter-national education'이 주류였는데, 평화유지에 집중하고 가치에 기반을 두는 것이 거의 특징처럼 되었다(이 두 분야에 대한 정의는 제2장과 제3장 참조). 가치 이슈는 세계 질서 연구의 새로운 분야를 국제관계학과 국제교육에서 분리하는 경향이 있었다. 공공연하게 인정된 세계 질서 연구의 가치 기반은, 세계 질서 연구가 탐구라기보다는 옹호, 학문이라기보다는 선전이라는 증거로 자주 인용되었다.

재능 있는 많은 학자가 세계 질서 연구에 참여했지만 그들의 노력은 사회과학에서 주변적인 것으로 간주되었다. 이러한 주변화로 인해 세계 질서 연구가 수행하는 구조와 지배적 가치의 문제, 심지어 학문적인 기본 가정에 대해 심각한 의문이 제기되었다. 그러면서 세계 질서 연구는 국제지역학international studies의 급진파에 속한다는 평판을 얻었는데, 연구 참여자들도 주류와 구별되는 특징을 구체화하면서 이 점을 스스로 인정했다. 몇 년 후 세계질서연구소의 '초국가적 학술 프로그램Transnational Academic Program'을 총괄한 번스 웨스턴Burns Weston은 그 차이점을 다음과 같이 서술했다.

> 최적의 인류 생존 교육과정, 또는 내가 '세계 질서 교육'이라 부르기로 한 것은 국제관계 지향 교육에 대한 접근에서 혁신적이기도 하고 전통적이기도 하다는 점을 미리 강조해 둔다. 그것은 세계적인 시각, 학제적 분석, 미래 지향적 사고를 강조하므로 혁신적이고, '완전한 자유주의 교육'에 딱 들어맞게 의미, 가치, 삶 전체의 향상을 중심적으로 다루므로 전통적이다··· [표 1]···대조적인···국제 문제 연구에 대한 '전통적' 접근과 '세계 질서' 접근은 무엇이 주된 요소인지 바

로 보여 준다. 또한 인류 생존 또는 세계 질서에 대한 교육과정은 현재 인류 생존을 위협하는 심각한 상태를 인류의 능력으로 해결할 수 있다는 근거 없지만 기본적인 낙관론을 상정하기 때문에, 무엇을 가르치고 배우느냐만큼이나 어떻게 가르치고 배우느냐에 관심을 둔다(Weston et al., 1978, pp.7-8).

[표 1] 국제 문제 연구에 대한 접근법 비교

전통적 접근	'세계 질서' 접근
1. 분석은 가치중립적이라고 간주된다.	1. 분석은 가치 지향적이다. 가치 명료화와 가치 실현을 추구
2. 분석의 궁극적인 목적은 묘사다.	2. 분석의 궁극적인 목적은 처방이다.
3. 시간 차원은 과거와 현재다.	3. 시간 차원은 과거, 현재, 특히 미래다.
4. 문제들을 별개의 이슈로 본다.	4. 문제들을 밀접히 연관된 이슈로 본다.
5. 국민국가와 정부 엘리트에 초점을 둔다.	5. 개인에서 초국가적 기관에 이르는 다양한 행위자에 초점을 맞춘다.
6. 정책 목표는 국가 이익 면에서 정해진다.	6. 정책 목표는 세계 이익 면에서 정해진다.
7. 권력은 기본적으로 군사적·경제적 조작 능력이라고 본다.	7. 권력은 강압 능력만이 아니라고 본다.
8. 대규모 폭력이 정책 수단으로 용인된다.	8. 평상시 대규모 폭력은 용인되지 않는다.
9. 인류의 생존이 당연시된다.	9. 인류의 생존이 의문시된다.

세계 질서 연구에 대한 웨스턴의 서술은 동 연구소의 세계 질서 모델 프로젝트World Order Models Project(WOMP)의 결실인 평화연구와 개념들에 대한 교육학적 해설이다. 1970년에 시작된 이 프로젝트는 세계 각지의 학자가 모인 다국적 순회 싱크탱크 형식으로 계속되었고, 그들은 공동 연구 활동에 협력하기 위해 정기적으로 회동했다. 프로젝트 발의자들에 따르면, 그러한 연구에는 세계적global 관점이 절대적으로 필요하기 때문에 연구 대

상 문제를 다양한 문화적·이념적 관점에서 검토하기 위해 여러 국가에 걸친 시도들이 요구되었다고 한다. '국제' 시스템 전체를 고려만 하면 세계적 접근이라는 일반적 통념과 달리, WOMP에서 '세계적'이란 용어는 문제를 지구 전체의 관점과 전 인류의 관점에서 보는 것을 의미했다.

　WOMP와 관련된 학자들은 '국제international'와 '초국가transnational'라는 용어도 중요하게 구별했는데, 전자는 정부가 관여하는 사안에 사용하고 후자는 국경을 초월한 비정부적 사안에 사용했다. 평화운동에는 종종 자국 정부의 정책에 반대하는 많은 국가의 사람들이 참여하므로 이러한 구별은 아주 중요해졌다. 이는 빠르게 발전하는 세계시민성global citizenship 개념에 극히 중요하며, 평화교육 목적에도 매우 중요한 구별이다. WOMP는 하나의 공동체로서 세계 공동의 이익을 위해 행동하고 세계시민으로서 책임을 다하고 있는 학자들의 초국가적 노력의 본보기다.

　WOMP의 연구는 전쟁과 평화 이슈를 숙고하면서 연구해야 할 광범위한 문제를 식별하기에 이르렀다. 가치 기반과 초국가적 관점이 어우러져 초기의 무력 분쟁에 대한 관심을 넘어서는 평화교육의 실질적 기반을 제공했으며, 세계적이고 초국가적 관점이 국가주의 및 국제적 관점과 구별된다는 점을 명확히 했다. WOMP의 결실로서, '세계 질서 연구'는 다섯 가지 세계 질서의 가치로 정의되는 다섯 가지 문제 해결 방안을 탐구했다. 이 도식은 대학교와 중등학교에서 교육과정을 개발하는 토대가 되었고, 세계 질서 접근법이 학회지 등에서 논의되기 시작했다.

　교육과정 개발 및 장학협회Association for Supervision and Curriculum Development의 1973년 연감에 기고한 글에서 필자는 세계 질서 접근법의 개요를 다음과 같이 서술했다.

세계 질서 연구는 비폭력적인 분쟁 해결뿐만 아니라, 더욱 중요한 '정의로운' 분쟁 해결도 추구한다. 그것은 전쟁 제거 그 이상을 열망하는 규범적이고 가치 중심적인 학문이며, 전 세계 부의 극단적으로 불균등한 분배, 편견과 차별, 너무 많은 사람의 권리와 존엄성을 박탈하는 억압 등에서 비롯되는 고통, 그리고 지구 자원을 통제하고 사용하는 소수 강자들이 현 세대와 미래 세대의 이익을 고려하지 않은 채 마구잡이로 지구를 착취하는 데 따르는 고통을 덜어 주려는 목표를 가지고 있다. 정의로운 해결 방안의 모색은 다섯 가지 목표를 달성하려는 시도로서 세계 질서에 의해 표현된다.

1. 폭력의 최소화, 또는 전쟁 방지
2. 경제적 복지의 최대화, 또는 더 많은 사람에게 더 나은 생활수준 보장
3. 차별과 억압을 완화함으로써 사회정의 증진
4. 정책 결정 과정에 소수자와 개인의 참여를 증대시켜 공공 정책 결정의 민주적 기반 확대
5. 생태 균형을 회복시켜 삶의 질 향상

세계 질서 연구는 다음과 같은 몇 가지 중요한 질문을 통해 이 목표들을 검토한다. 평화, 경제적 복지, 사회정의, 정치적 참여, 생태균형 등과 관련하여 세계의 현 상태는 어떠한가? 우리가 국제 시스템에서 유의미한 변화를 만들어 내지 못한다면 다음 세대에는 어떤 상태일 것 같은가? 대부분의 추세 분석이 보여 주듯이, 그 상태에서 아무도 평화와 기타 관련 목표를 달성하지 못할 것 같다면 어떤 변화가 목표 달성에 가장 유력할까? 우리는 그 변화를 어떻게 가져올 수 있을까?

세계 질서 연구의 방법론은 가치와 공적 이슈에 대한 교육을 향상시킬 희망을 주는 능동적 학습active learning과 많은 연구 기법을 망라한다. 이 방법론

에는 다섯 개의 기본 단계가 있다. 첫째 단계는 진단diagnosis이다. 즉 세계 문제 및 그 원인과 제반 가치에 대한 관계 등을 요약하고 분석한다. 둘째 단계는 예측prognosis 또는 전망이다. 이러한 문제들의 진화와 향후 20~30년간 다른 문제의 출현 가능성을 예측한다. 둘째 단계를 바탕으로 셋째 단계에서는 첫째 단계에서 규명된 문제를 해결하기 위해 설계된 몇몇 국제 시스템을 상정하여 미래를 본격적으로 다룬다. 이러한 전망에 이어지는 넷째 단계는 대안 평가와 선호되는 시스템의 선정이다. 국제사회에서 평화, 경제적 복지, 사회정의를 성취할 가능성이 가장 높다고 평가된 것이 대안으로 부상한다. 다섯째 단계는 전환transition으로, 현재의 세계 질서를 '선호되는 세계'로 변혁하는 데 필요한 전략과 정책을 짠다(Reardon, 1973, pp.133-134).

필자는 WOMP에서 새로이 전개되는 일에 관심을 쏟고 교사교육과 교육과정 개발 연구에 세계 질서 연구의 접근법을 사용했다. 이를 통해 세계적 이슈를 바라보는 필자의 기본 틀이 형성되었고, 전쟁의 원인과 평화의 조건을 탐구하는 데 유용한 체계적인 연구 방식을 얻었다. 비록 필자가 편향된 부분을 심각하게 비판했지만(Reardon, 1985), 세계 질서 연구의 접근법은 필자와 다른 평화교육자들에게 실질적인 토대가 되어 주었다(또한 이 접근법은 계속 발전하며 완성되고 있음에 주목해야 한다).

WOMP가 첫 연구를 수행하는 동안 국제평화학회Internation Peace Research Association(IPRA)에 속한 일단의 교육자들이 활동적인 초국가적 네트워크인 평화교육연구회Peace Education Commission(PEC)를 결성했다(원래 1972년 유고슬라비아 블레드에서 개최된 IPRA 총회에서 평화교육분과로 창설되었다). 세계 각지의 회원들로 구성된 PEC는 평화연구 역사의 아주 중요한 시점에 연구를 시작했다. IPRA 회원 대부분은 전쟁의 주요 원인으로서 군비경쟁과 국제 분쟁에 관련된 이슈를 연구해 왔다. 그러나 WOMP의 초국가주의가 세계 질서 연구의 본질을 바꿔 놓았듯이, 개발도상국에 관한 새로운 이슈들도 평화연구의 한계와 그에 따른 평화교육의 한계를 극적으로 변화시켰다. 저개발, 빈곤, 군사독재, 억압 등의 문제는 새로운 접근법과 개념들을 만들어 냈고, 그중 많은 것이 현재 세계 도처에서 평화교육과정에 폭넓게 포함되어 있다. 평화연구가 만들어 낸 자료와 개념들이 여전히 미국에서 널리 채택되지 않았지만, 특히 유럽에서 평화교육 이론에 깊은 영향을 주었다.

이러한 개념 발전의 결과로 두 가지 새로운 접근법—개발교육devel-opment education과 인권교육human rights education—이 평화교육에 통합되었는데, 이는 1960년대 말 유럽에서 뒤이어 미국에서 시작되었다. 개발교육의 중요 관심사는 세계의 빈곤과 저개발이며, 주로 산업국가와 개발도상국 간의 경제 관계에 초점을 둔다. 인권교육은 국제 인권 기준과 거듭되는 광범위한 인권 침해를 중심으로 한다. 이들 접근법과 함께, 대화dialogue와 의식화consciousness-raising를 강조하는 파울로 프레이리(1973)의 교육 이론에 대해 강렬한 관심이 일어났다. 인권과 개발 두 영역은 전체를 이루는 불가결한 요소로 상호 관련되고 상호 의존적인 이슈이며, 평화에 똑같이 중요한 분야라고 여겨지게 되었다. 이는 세계 질서 연구가 다섯 가지 중심 가치에 불가결하게 연관된 것과 마찬가지다(Marks, 1983).

대화 방법에 초점을 두는 것은 학습에의 참여적 접근에 대한 관심 표명이고 평화교육자들이 전통적 교육에 대한 비판에 끌리고 있다는 지표였다. 학교와 교수법은 국제 시스템만큼이나 개혁이 필요하다고 간주되었다. 개혁적인 주제가 평화교육 담론에서 분명하게 나타나기 시작했다.

《평화 제안 공고Bulletin of Peace Proposals》 같은 국제 학술지에 주로 실린 PEC 회원들의 연구는 이러한 발전 과정을 반영한다. 거기서 논의된 영향력 있는 개념들 가운데 가장 주목되는 것은 소극적 평화negative peace, 적극적 평화positive peace, 구조적 폭력structural violence이라는 용어로 표현된 것들이다(Galtung, 1968). '소극적 평화'는 전쟁, 군비경쟁, 폭력적 분쟁에 관한 연구와 교육을 망라하는 개념적 범주를 지칭하는 용어가 되었다. 소극적 평화 상태는, 무력 분쟁을 방지하거나 전반적으로 줄이고 결국 없앰으로써 달성되는 전쟁의 부재라고 정의되었다. '적극적 평화'는 개발교육과 유사한 관심사들—빈곤, 질병, 문맹, 사회적 소외 등 가난하고 억압받는 사람들의 경제적·물질적 삶의 질을 저하시키는 제반 조건을 줄이거나 없애는 것—을 포함한다. 또한 적극적 평화는 인권교육과 동일한 관심사를 많이 포함하는데, 특히 경제적·문화적·사회적 권리는 물론이고 시민적·정치적 권리까지 전면적인 인권 실현을 포괄한다. '구조적 폭력'은 체계적으로 특정 집단이나 계급의 권리를 침해하고 물질적 삶의 질을 저하시키는 사회적·정치적·경제적 구조 및 제도 그리고 절차가 가져오는 결과를 식별하기 위해 사용된 용어였다. 인종차별주의, 성차별주의, 식민주의에 내재된 태도와 가치를 유지하는 (또는 그것들에 의해 유지되는) 것도 동일한 구조다(Reardon, 1976).

PEC 회원들은 WOMP, 유네스코, 기타 국제단체(또는 초국가기구)가 주최하는 컨퍼런스 기간에만 회합을 가질 수밖에 없었지만, WOMP 구성원들이 그랬던 것처럼 함께 연구했다. 문화 간 대화와 협업으로 평화교육이 다루려는 프로그램에 대한 공통된 진단을 내릴 수 있었다. 하지만 접근법과 우선순위는 교육자들이 일하는 문화적 현실에 따라 서로 달랐다. 차이점, 심지어 논란까지 불거졌지만, 공동의 목적이 다양성을 유지해 주었다. 연대와 친선의 맥락에서 서유럽, 동유럽, 아프리카, 아시아, 라틴아메리카의 교육자들과 긴밀히 협력하면서 필자는 인도적이고 다문화적인 세계공동체가 가능하다는 깊은 믿음을 갖게 되었다. 그리고 만약 어떤 것이 필자에게 활용 가능한 세계적 관점을 갖게 했다면, 그것은 PEC의 참여였다.

부록에 있는 *International Peace Research Association(IPRA) Newsletters*, 1976년 참조.

평화교육네트워크
미국 내 노력

대학의 연구자와 교육자들이 IPRA 북미 지부로서 '평화연구·교육 및 개발 컨소시엄Consortium on Peace Research, Education and Development(COPRED)'을 설립했고, 여기에 평화교육에 관심 있는 학교 교사들이 합류했다. 1970년대 초 미국의 초·중등학교의 평화교육자들이 각자의 노력을 공유하고 풍부하게 하면서 신생 분야를 정의하고 체계화하고 학교에 도입을 권장할 수 있는 기제로서 평화교육네트워크The Peace Education Network(PEN)를 결성했다. PEN은 1960년대 말 설립된 전체 컨소시엄에서 가장 활발하고 생산적인 네트워크 중 하나였다. PEC가 구조적이고 이론적인 이슈에 주력한 반면, PEN은 정의와 분쟁 이슈에 관심이 많은 교육자들로 구성되었다. PEN은 미국 평화교육의 중심 개념으로 비폭력적 분쟁 해결을 도입하고 개발하는 책임을 떠맡았다. PEN의 관심사는 첫 간행물인『평화조성 기술의 모든 것 A Repertoire of Peacemaking Skills』(Carpenter, 1977)에 반영되었다. 이것과 PEN 회원들이 설계한 다른 교육과정 자료들은 이 책의 자매편인 '교육과정 지침'

에 서술되어 있다(Reardon, 1988).

 PEN이 개발한 교육과정은 가르치는 방법보다 참여적 학습, 평등주의적 교실, 연구 및 문제 해결을 강조한다. 이 방법들은 PEN의 핵심 가치인 보편적인 인간의 존엄성과 사회정의 등을 교육에 적용하면서 도출되었으며, 문제를 진단하고 해결책을 고안하는 판단 기준을 제공해 준다.

 그러한 방법들은 또한 1960년대 말과 1970년대에 '새로운 사회 연구'라고 일컬어진 발전을 반영한다. 논란이 많은 이슈에 대한 공개적 조사, 가치 명료화, 모의실험·게임·역할극, 학습 내용 선정에서 평가에 이르기까지 교육과정의 모든 기획 단계에서의 학생 참여 중시 등은 사회교육에 도입되고 있는 혁신의 일부다. 평화교육자들은 이러한 방법들이 그들의 교육 가치에 부합되며 그들의 교육 목표 달성에 효과적인 수단이라고 평가했다. 또한 이 방법들은 '교육과정 지침'에서 최선의 평화교육으로 평가한 것이기도 하다(Reardon, 1988).

 PEN에 관해 가장 강조하고 싶은 점은, 정의와 비폭력에 대한 관심이 연구의 스타일과 실체에 아주 강한 영향을 미쳤다는 것이다. PEN의 정신은 PEC와 비슷한데, PEN은 불의에 관한 교육과 비폭력적 분쟁 해결 훈련을 개발하는 일뿐만 아니라 세계적 연대를 증진하는 일에도 힘썼다. 비록 모든 PEN 회원이 폭넓은 초국가적 경험을 가진 것은 아니었지만, 연구와 인간에 대한 감수성은 그들에게 세계의 구조적 폭력과 그런 구조 안에서 미국인이 자신의 역할을 더 잘 인식하게 할 평화교육의 필요성을 강하게 갖게 만들었다.

 한편 종교가 세계 평화와 정의 문제의 윤리적·도덕적 차원에 대해 명확히 발언하기 시작한 것도 PEN 활동에 커다란 영향을 주었다. 세계의 주요 문제에 대한 가톨릭교회의 입장을 밝힌 1963년의 교황 회칙『지상의 평화Pacem-in-Terris』가 발표된 이후, 가톨릭계 교육자들(대다수가 PEN에서 적극적으로 활동)이 교육과정 개발과 프로그램 설계에서 주도적인 역할을 했다. 다른 교회들도 특히 군비경쟁을 우려하는 비슷한 성명서를 냈고, 이는 많은 교육자가 평화교육이 제기한 가치 이슈의 더 깊은 윤리적 차원을 통찰할 수 있는 원천이 되었다. 사실, 평화조성peacemaking에 수반되는 가치와 의미에 대한 필자의 통찰이 상당히 깊어진 것도 '교육사역자연합United Ministries in Education(UME)'에서 교회들과 함께 활동한 덕분이다. UME의 '평화조성 교육 프로그램'은 기독교 평화운동을 특징짓는 요소인 기독교적 가치, 에큐메니즘, 세계적 연대를 기반으로 수립되었다. 이를 세계교회협의회World Council of Churches(WCC)는 '에큐메니컬 교육'이라고 부른다.

하지만 그러한 가치 교육은, 많은 평화교육과 마찬가지로 1970년대에 정치 경향이 더욱 보수화되면서 구석으로 밀려났다. 최근 미국교원연맹 American Federation of Teachers과 미국 교육부 같은 교육의 중심부에서 많은 사람이 가치 교육과 평화교육 모두를 '교의 주입indoctrination'이라고 비판하고 있다. 다른 지면에서 논의했듯이(Reardon, 1982), 여러 가지 이유로 평화는 교육과정에서 인기 있는 주제가 아니었다. 평화교육의 발전이 이루어진 지난 20년 내내 실제로 평화교육은 학교 교육과정에서 부차적이었으며, 국제교육과 세계교육의 강좌에서조차 그랬다.

그런데 1960년대 이후 거의 휴면 상태였던 대중적인 핵 군축 운동이 1980년과 1982년 사이에 다시 강력하게 일어나면서 상황이 극적으로 바뀌었다. 군비경쟁과 평화에 관련된 질문을 학교에 도입하려는 움직임이 교사들 사이에서 대대적으로 일어났다. 그러나 이러한 최근의 노력(제6장에서 상세히 논의)은 지금까지 검토한 평화교육 내부의 발전에서 크게 영향을 받지 않았다. 여러 면에서 그것은 새로운 운동이다. 미국의 평화교육에서 PEN이 유일하게 활동하던 시기보다 더 활기차며 확실히 더 많은 사람이 함께 했다.

이 책에서는 평화교육을 더 큰 관련 분야인 세계교육과 구별하고 있음을 유념해야 한다. 두 분야는 목적과 성쇠 면에서 종종 밀접히 연관되는 길을 나란히 달려 왔다. 두 분야의 실천가들은 문제와 장애물은 물론이고 자원도 공유해 왔다. 하지만 이 책의 초점은 평화교육이다. 왜냐하면 평화교육의 특별한 본질과 관심사 때문이며, 또한 필자가 경험한 분야이기 때문이다.

PEN은 미국 교육이 세계 평화를 위한 두 개의 주된 힘인 새로운 세계 의식과 인류의 연대의식을 개발하는 데 중대한 영향을 미칠 수 있다는 희망을 주었다. 또한 PEN은 두 힘이 변혁적 학습 방식에서 시너지 효과를 낼 수 있도록 미국의 평화교육자들이 평화교육에 대한 포괄적인 접근법을 개발할 수 있다는 희망도 주었다.

페미니즘 운동
인간의 노력

최근 들어서 필자의 의식에 들어온 관점이 하나 더 있는데, 그것의 요소들은 이전부터 작동하고 있었다고 생각된다. 대부분의 평화교육은 인본주의적이며, 많은 경우 인간 조건의 변혁을 목표로 삼는다고 주장한다. 이 두 가지 강조점을 필자가 의식하게 된 것은 평화연구에 대한 페미니즘적 접근을 연구하는 과정에서였다(Reardon, 1983, 1984, 1985). 필자가 지금 변혁적 평화교육으로 정의하는 것의 구성 요소 대부분은 페미니즘적 관점에서 바라보면 명확해진다. 독자들도 이 책 전반에 걸쳐 페미니즘 관점을 확인할 수 있는데, 맥락에 대한 성찰(제4장)과 목적에 대한 성찰(제5장)에서 가장 생생하게 표현된 것을 볼 수 있다고 확신한다. 필자가 전체성wholeness과 통합성integrity에 대해 통찰하게 된 것은 페미니즘을 통해서다. 페미니즘이 평화와 평화교육에 대한 가장 완전한 인간적·현재적 관점이라고 필자는 믿는다.

제 **2** 장

소극적 평화를 위한
교육

● 이 책의 기본적인 가정은, 앞서 말했듯이 평화교육 실천가들이 평화교육을 정의하고 범위를 정하기 시작해야 한다는 것이다. 즉 중심 개념, 교육 목표, 선호되는 수업 접근법에 대해 전반적인 합의를 이룰 필요가 있다. 여기서 의도하는 바는 주제를 한정하거나 개념과 방법에 대한 '확정적인' 서술을 공표하려는 것이 아니다. 오히려 평화교육의 정의에 관한 체계적인 담론을 통해 진정한 목적과 방법 그리고 이들을 정교하게 다듬는 데 필요한 개념상의 도구에 대해 폭넓으면서 명확한 생각을 갖게 되기를 희망한다.

정의의 문제는 무엇이 평화의 구성 요소이고, 어떻게 하면 평화를 성취할 수 있으며, 어떻게 교육해야 학생들이 평화를 위해 일하고 정상적인 인류 사회에서 평화롭게 살 수 있을지 등에 관해 개방적인 연구를 계속하면서 개념의 명확성을 획득하는 것인 듯하다. 이 장과 다음 장에서 이와 같은 담론을 시작하는 첫 걸음으로 현재의 실천과 경향에 대한 필자의 검토와 평가를 제시할 것이다.

필자가 보기에, 지금 실행되고 있는 평화교육은 두 가지의 경향을 반영한다. 하나는 제1장에서 서술한 발전의 성과에 뿌리를 둔 것이며, 다른 하나는 최근 뻗어 난 가지에서 싹튼 것이다. 두 경향은 평화연구자들이 '소극적 평화'와 '적극적 평화'로 정의하는 개념을 통해 살펴볼 수 있다. 이것들이 평화연구의 주요한 개념적 범주라고 일반적으로 받아들여지긴 하지만, 이런 구별을 거부하는 일부 평화연구자들, 특히 정의justice를 평화의 필수 요건으로 보지 않는 연구자들도 있다는 점을 유념해야 한다. 소극적 평화와 적극적 평화라는 구체적인 정식화에 주도적으로 반대한 사람은, 미국 평화연구의 가장 유명한 '창시자'인 케네스 볼딩Kenneth Boulding이다. 그의 주된 관심사는 전쟁을 줄이고 없애는 것이었다.

평화는 사람들이 오해받을 두려움에 사용하기를 주저하는, 아주 다의적인 단어다. 예컨대 우리 몇 사람이 1956년 미시간 대학교에서 분쟁해결연구센터를 시작했을 때 우리는 그것을 평화연구의 중심으로 생각했지만, 생길 수 있는 오해 때문에 '평화'라는 단어를 명칭에 쓰는 것을 의도적으로 피했다. 평화의 개념에는 적극적인 면과 소극적인 면이 있다. 적극적인 면에서 평화는 양호한 관리 상태, 질서정연한 분쟁 해결, 성숙한 관계에 따른 조화, 관대함, 사랑 등을 나타낸다. 소극적인 면에서 평화는 무언가의 부재—혼란, 긴장, 분쟁 및 전쟁의 부재—로 간주된다.

…반면에 평화의 적극적 개념은 분쟁을 관리하고 교전 당사자를 포함하는 것보다 더 큰 질서를 만들어 내는 능력이라고 높이 평가되기도 한다. 이러한 평화의 반

대편은 명백히 병적인 상태인 전쟁으로 여겨진다. 전쟁 또는 '평화 아닌 것'에는 양
측이 대가를 치르게 될 분쟁 관리의 무능함이 수반된다. 즉 파괴적 논법, 불필요
한 혼란, 유치한 말다툼, 정치 형태의 미성숙 등이 수반된다. 더 크고 적극적인 의
미에서의 평화는 갈등 및 흥분, 논쟁 및 대화, 극적 사건 및 대치와 꽤 일치한다. 그
러나 이런 과정들이 과도해지거나 병적인 상태에 이르지 않고 불요불급한 분란을
일으키지 않게 하는 환경을 제공한다. 이런 의미에서 평화는 점진적인 발전 과정
에서 궁극적인 '시간의 화살' 중 하나이며, 인간 발달과 학습의 결과물로 증대된다
(Boulding, 1978, pp.3, 5).

볼딩에게 평화연구의 최우선 과제는 그가 '안정된 평화stable peace'라고 부르는 상태
안에서의 '더 큰 질서'를 밝히고 향상시키고 확장시킬 지식이다. 인용문에서 드러나듯이,
그는 안정된 평화를 소극적 상태로 여기지 않는다.

반면에 갈퉁Johan Galtung 같은 연구자들은 무력 분쟁의 근원을 알아내는 것이 주요
과제라고 주장한다. 그들은 그 근원을 전쟁으로 분류할 수 없는 '구조적 폭력'에서 흔히
찾아볼 수 있다고 믿는다(Galtung, 1969). 또한 다양한 형태의 제도적 폭력을 극복함으로써
적극적 평화의 조건을 고안할 수 있는 지식을 개발할 필요가 있다고 생각한다. 이러한
입장에 대부분의 기독교 교회도 동조한다(McIntyre et al., 1976).

필자의 견해는, 이미 분명히 언급했다시피 두 개념이 상호 보완적이고 불가분하다는
것이다. 볼딩과 마찬가지로 필자는 '소극적 평화'로 분류된 것이 여러 측면에서 바람직하고
긍정적인 상태라고 본다. 필자는 볼딩의 '안정된 평화'라는 개념을 '기초적 토대로서의
평화foundational peace'라고 일컫는데, 그로부터 적극적 평화가 내포하는 정의와 공평의
조건들이 살아 있고 진화하는 상태로 자라날 수도 있다. 필자는 이를 '유기적 평화organic
peace'라고 부른다. 하지만 명료성을 위해 이 책에서는 평화연구 분야에서 널리 쓰이는
'소극적 평화'와 '적극적 평화'라는 용어를 사용할 것이다. 평화교육의 실천은 주로
실천가들이 가지고 있는 평화 개념에서 비롯된다. 오늘날 평화교육에서 사용되는 개념들은
대부분 소극적 평화의 영역에 들어가지만, 적극적 평화의 영역에 속한 중요한 개념들 역시
현대 평화교육에 반영되어 있다.

소극적 평화의 개념
군비경쟁, 전쟁 및 폭력적 분쟁 강조

평화는 목표뿐만 아니라 개념으로서 문제적이다. 평화는 정의할 수 없으므로 성취할 수 없다는 것이 일반적 통념이다. 연구자들은 최근까지도 평화를 정의하려는 대열에 줄 서 있다. 평화로운 사회는 무엇으로 구성되는가에 관련된 개념은 연구자들의 '세계 질서 모델'에서는 물론이고 종교 경전과 대중적 예언서에서도 제안되어 왔다. 평화의 대중적 이미지는 구체적이기보다는 서정적인 경향이 있다. 대중적 지도자가 표현하는 비전은 보통 실제적이기보다는 영감을 주는 것이며, 대부분의 평화 모델은 정치색이 옅은 학술 매체나 종교 매체에 발표된다. 평화로운 사회질서를 정의하고 묘사하는 과제를 진지하게 다루는 프로젝트나 사람들은, 대개 경멸하는 의미에서 이상주의자로 분류된다. 실용주의자로 자처하는 평화운동의 몇몇 동료들조차 그렇게 보는데, 이들은 주로 당면한 현실을 주시하고 군비경쟁 혹은 국제 분쟁에서 특정 정치적 목표에 따라 즉각적으로 행동할 가능성에 주목한다.

그러나 이미지 없이 개념은 구체화될 수 없다. 덜 폭력적이고 더 정의로운 세계의 상태를 분명히 표현하는 이상주의적 비전이 없으면, 평화는 묘사될 수 없고 우리는 평화를 정의하는 기본적 도구를 여전히 갖지 못할 것이다. 그래서 평화를 구상하는 과제가 평화운동과 평화교육 모두에 도전으로 남아 있다. 이 과제가 주로 적극적 평화 영역에 속하는 것으로 보이지만, 교육 기득권층은 소극적 평화의 문제에 그리고 우리가 소극적 평화 영역에 포함시킨 평화유지 시스템의 가장 상세한 모델에 초점을 두어온 경향이 있다. 그러나 여기서도 평화유지를 소극적 평화 상태의 다른 측면과 구별되는 기능으로 보아 온 현재의 제한되고 파편화된 노력을 넘어서는 가능성의 이미지가 현실적으로 필요하다. 뒤에 살펴보겠지만, 이러한 생각들이 그 자체로 평화의 장애 요인이다.

일부 평화교육이 지금 적극적 평화를 다루고 있지만, 많은 이유로 소극적 평화의 영역이 제대로 정의되지도 않고 교육과정 기획 목적에 부합할 정도로 개념상 명확하지도 않다. 우리는 무엇이 평화인지보다 무엇이 평화가 아닌지에 관해 훨씬 많이 아는 듯하다. 또한 핵전쟁 반대 대학연합 United Campuses Against Nuclear War, 사회적 책임을 위한 교육자모임Educators for Social Responsibility, 사회적 책임을 위한 의사모임Physicians for Social Responsibility 같은 단체의 설립에 따라 최근 급증한 평화교육에서도 그 주된 초점은, 오랫동안 평화교육 운동의 가장 중요한 관심사였던 적극적 평화가 아니었다.

최근 평화교육의 대부분은 소극적 평화, 즉 전쟁 발발 가능성을 줄이는 데 초점을 맞추고 있다. 그것은 군비경쟁과 구체적인 국제 분쟁 사례가 제기하는 문제점을 강조하는데, 그것은 필자가 개량적 접근으로 분류한 것에 해당된다. 소극적 평화를 폭넓게 강조하고 무력 분쟁 문제에 초점을 두긴 하지만, 연구 주제는 '전쟁'이라기보다 '전쟁들'이다.

　대부분의 현행 평화교육은 전쟁을 제도로서 다루지 않으며, 또한 최근 페미니즘의 평화연구가 전쟁의 근본 문제라고 주장해 온 심층적인 사회 심리학적·정치적 원인도 다루지 않는다(Eisler & Loye, 1986). 오히려 전쟁 회피 또는 제한을 목적으로 단일 이슈와 특정 사례(핵무기 동결 또는 니카라과 내전 등)를 주로 다룬다. 제도로서의 전쟁 또는 '전쟁 시스템'에 초점을 맞추지 못한 이러한 실패는, 전쟁 자체가 다루기엔 너무 크고 벅찬 문제라는 생각을 일부 평화교육자들에게 고착시키는 데 일조한다. 그래서 평화가 중앙아메리카, 아프가니스탄 등에서의 전쟁 또는 특정 당사국들(미국, 소련 등) 사이의 전쟁을 방지·종식·제한하는 것이라고 취급된다.

　이렇게 소극적 평화에 집중함에 따라 현재의 평화교육 실천에서 어떤 전쟁 폐지론 요소를 찾아보기 어렵다. 평화운동을 하는 많은 사람이 전쟁 폐지를 목표로 삼고는 있지만, 소극적 평화도 인간의 제도로서 용인되는 전쟁의 종식을 의미할 수 있다는 생각은 교육자들 사이에서도 일반적이지 않고 학생과 시민에게 친숙하지도 않다. (하지만 현재 '전쟁을 넘어서Beyond War' 운동은 일반인에게 폐지의 개념을 소개하려고 시도하고 있다.) 이런 상황은 어느 정도 평화의 비전, 이미지 및 통전론적인 모델이 없는 데서 기인한다고 필자는 믿는다.

　현재 미국의 교육 현장에서 가장 세계적인 의미의 평화는 주로 미국과 소련 간의 합의를 의미한다. 초강대국 간의 화합은 두 방면에서 확실히 평화에 기여한다. 그것은 핵전쟁의 위험을 크게 감소시킬 것이며, 초강대국의 패권 경쟁으로 고조된 세계 각지의 많은 적대 행위를 완화시킬 것이다. 두 강대국이 지역 분쟁에의 개입을 멈춘다면, 그러한 분쟁은 훨씬 순조

롭게 해결되고, 더 빨리 종식되고, 더 나아가 방지될 것이다. 이런 맥락에서 평화는 한 국가가 다른 국가의 일에 개입하지 않는 것을 의미하기도 한다.

국제 분쟁 처리에서 불개입과 군사적 조치 배제라는 개념은 비폭력적 분쟁 해결이라는 평화 개념과 관련된다. 평화는 분쟁이 폭력 없이 해결될 수 있을 때 유지된다. (불개입과 군사적 조치 배제라는 개념은 모두 벌어진 무력 분쟁 제거에 기초한다는 점에서 소극적이다.) 분쟁에 초점을 두면 경쟁자들이 갖고 있는 인식과 적의 이미지에도 관심을 기울이게 되며, 타자(가장 넓은 의미에서 세계의 모든 사람을 포함하는)에 대한 관용·지식·이해라는 평화의 개념으로 나아갈 것이다. 이런 의미의 평화는 '국제이해'를 뜻하며, 심층적인 이해가 분쟁을 감소시켜 전쟁 방지에 도움이 될 것이라고 상정된다.

많은 평화교육자, 특히 기독교적 관점을 가진 이들에게 목적이나 목표로서의 평화는 주된 초점이 아니다. 그들은 평화를 위한 투쟁과 평화를 성취해 가는 과정에 중점을 두고 '평화유지'와 '평화조성'이라는 개념을 전쟁 방지보다 우선시한다. 이렇게 과정을 강조하면서 그들은 분쟁을 다루는 방식을 가장 중요한 문제로 인식하고 '갈등 관리' 및 '갈등 해결' 교육에 근거를 두고 활동하는 평화교육자 대열에 합류한다. 갈등 연구는 평화교육과 관련되지만, 많은 점에서 평화교육이나 평화학과 구별되는 분야다. 하지만 많은 프로그램, 특히 대학 수준의 프로그램들은 '평화 및 갈등 연구'라는 명칭으로 둘을 결합하고 두 분야의 차이와 관계를 모두 강조하며, 일반적으로 소극적 평화에 초점을 맞추고 있다.

갈등 연구는 아마 평화학보다 더 빠르게 발전하는 분야일 것이다. 갈등 연구는 사회 조직의 모든 수준에서 모든 종류의 갈등과 분규를 검토한다. 사실상 그중 작은 부분만이 전쟁에 초점을 둔다. 갈등 연구는 (여러 가지

가운데서) 대인관계 갈등, 노사분규, 공동체(지역사회) 갈등, 그리고 전쟁을 초래할 수도 있고 그렇지 않을 수도 있는 국제 갈등을 다룬다. 최근 협상과 갈등 조정 강좌가 크게 인기를 끌고 있는데, 이는 초강대국 갈등에 사로잡혔기 때문만이 아니라 대립과 소송을 일삼는 미국 사회의 성격 때문이기도 하다. 갈등 관리 및 갈등 해결 능력이 대부분의 사회적 관계 및 상호작용에 필수적이라고 여겨지므로 모든 수준의 공식 교육이 제공하는 교육과정에 도입되고 있는 것이다. 비폭력적 갈등 해결 능력은 국제사회에 필요한 만큼 가정생활에도 필요할 것으로 여겨진다. 그러나 비록 세력을 얻고 있지만, 비폭력과 갈등 해결은 여전히 미국 교육과정의 표준 교과가 아니다.

비폭력 연구는 소극적 평화에 대한 연구와 구별되긴 하지만, 비폭력의 철학보다 분쟁 해결에 초점을 둘 때 소극적 평화와 관련된다. 그런데 현재의 실천가들은 적극적 평화의 개념을 개발하는 데 더 관여하는 것 같다. '전쟁 부재'라는 평화의 개념은, 정치적 목표를 달성하거나 상대방의 목표를 저지하는 수단으로서 무력행사와 공격을 거부하는 그런 비폭력 개념으로 이해된다.

하지만 비폭력을 신념 체계로서 철학적으로 수용하는 사람뿐만 아니라 갈등 해결 접근법으로서 전략적으로 수용하는 사람들에게 평화는 전쟁 부재보다 훨씬 폭넓은 어떤 것이다. 이런 맥락에서 평화는 물리적·사회적·심리적·구조적 폭력 등 모든 형태의 폭력 부재다. 주로 정의를 위한 투쟁에 가장 적절한 방식 으로서 비폭력에 관심을 갖는 사람들도 국가 간 전쟁을 넘어서는 관심사를 갖고 있다. 역사적으로 전략으로서의 비폭력은 시

◇ Gene Sharp, 1974의 포괄적인 설명 참조.

민 투쟁과 지역 분쟁 사례에서 가장 널리 사용되어 왔으며 지금도 그렇다. 그리고 이런 사례가 비폭력 실천에 대한 연구의 가장 큰 주제였다.

분쟁 해결과 비폭력은 소극적 평화 영역에서 교육의 개념적 기초로 사용될 때 특정한 능력—평화를 위한 투쟁의 수많은 실천 경험에서 연마되고 시험된 능력—의 개발을 주요 목표로 삼는다. 이는 "평화로 가는 길은 없다. 평화가 길이다"라는 간디의 정신에 입각한 것이다. 필자는 이런 능력이 대립적인 핵무기 시대에 시민정신을 실천하는 데 필수적이라고 여긴다.

교육상의 가정과 접근법

소극적 평화 달성을 위한 교육에 대한 접근법은, 방금 설명했듯이, 평화의 개념과 그 근저를 이루는 전쟁 원인에 관한 가정에서 주로 유래한다. 전쟁 원인에 관한 이슈는, 평화교육자와 평화연구자들 사이에 상당히 중요한 견해 차이와 활발한 논쟁이 있는 영역이며, 이에 관해 미국 시민은 대단히 무지하다. 대체로 현재 미국에서 실천되는 평화교육, 특히 초·중등 수준의 평화교육은 다른 나라의 평화교육에서 강조하는 전쟁의 구조적 또는 경제적 원인을 주장하거나 추정하지 않는다. 대학 수준에서조차 사회심리적인 원인이 있을 가능성에 거의 주목하지 않는다. 일반적으로 개량적 접근법을 취하는 현행 평화교육과정에 반영된 전쟁 원인에 대한 가장 명백한 가정은 네 가지 범주로 나뉜다. ① 정치적/이념적 갈등, ② 군비경쟁, ③ 타자에 대한 이해 부족이나 오해, ④ 대안적 분쟁 해결 절차의 부적합한 사용이다. 이 요인 모두가 전쟁 원인 연구에 포함되어야 하지만, 연구가 소극적 평화에 한정될 때조차 무엇 하나 적절하지 않으며, 모두 합쳐도 포괄적 평화교육에 충분한 기초를 제공할 수 없을 듯하다.

일반 시민이 갈등의 현상 또는 갈등을 건설적으로 다루는 방법을 이해하지 못한다는 데는 의심의 여지가 없다. 중재arbitration·조정mediation·협상negotiation이 전문 분야로 빠르게 발전하고 있지만, 보통 사람은 대인관계 수준에서 세계 수준에 이르기까지 어느 수준에서든 갈등 해결 능력이 거의 없고 이를 위한 훈련도 전혀 받지 못하고 있다. 그리고 삶과 세계가 더욱 다면적이고 복잡해짐에 따라 사람들 역시 더욱 갈등적이 되고 결과적으로 더 폭력적으로 되는 것은 사실상 불가피하다. 20세기의 전쟁 발생 증가는, 궁극적 폭력인 핵에 의한 절멸 위협을 포함한 모든 형태의 폭력이 증가한 것에 따른 하나의 양상일 뿐이다.

교사들이 놀이터 싸움, 학교와 지역사회의 무질서, 가정폭력이 서로 관련되어 있다고 통찰력 있게 인식한 것은 전적으로 옳다. 또한 평화교육자가 상호 관련성을 기록한 자료와 분석을 제공하지 않아도 교사들은 갈등 해결 교육의 필요성을 알고 있다. 폭력으로 갈등이 해결된 경우는 사실상 없다. 두 차례의 세계대전에서 보듯이, 기껏해야 뒤이어 결국 터질 갈등의 한 국면을 종결시킬 수 있을 뿐이다. 폭력적인 갈등은 다른 갈등 해결 방법이 사용되지 않기 때문에 일어난다. 그렇게 되는 주된 이유는 대부분의 사람이, 심지어 고위 정치 지도자조차 그들 자신이 가장 근본적인 갈등 원인이 될 정도로 갈등 해결의 다른 방법에 무지하기 때문이다. 이러한 무지 자체가 전쟁의 주요 원인이다. 그것이 바로 평화교육을 학교와 대학에 신속하고 광범위하게 도입하자고 옹호하는 주된 이유다.

전쟁의 주요 원인을 정치적·이념적인 것으로 보는 사람들은 일반적으로 초강대국 간 관계 또는 중앙아메리카, 에티오피아, 아프가니스탄에서의 국지전이나 내전에 초점을 맞춘다. 전쟁의 원인, 최소한 현재의 전쟁과 현존하는 핵전쟁 위협의 원인에 관한 가정은, 오늘날 대부분 무력 분쟁의 근원이 두 정치 시스템 간의 패권 경쟁에서 주로 발견된다는 것이다. 어떤 이는 주요 정치 투쟁을 가난하고 억압받는 대중과 부유하고 힘 있는 엘리트 간의 투쟁으로 본다. 어떤 이는 인권 침해와 정치적 탄압을 원인 제공 요소로 본다. 대학 교육 이전 단계에서는 적극적 평화 영역 내의 개념과 관심사를 포함하는 포괄적인 접근법을 취하거나 정의justice 이슈를 강조하는 프로그램을 통해 개발도상국-선진국(남북) 문제, 민족 분규, 지역 분쟁에 더 많은 관심을 기울여 왔다. 하지만 이러한 이슈에 초점을 두는 프로그램은 미국-소련 분쟁 또는 동서 대결을 강조하는 프로그램보다 훨씬 적다.

지금까지 미국 공립학교의 평화교육에서 단연코 가장 널리 고려되는 이슈는, 핵무기 경쟁과 핵전쟁 위협의 원인으로 간주되는 미국과 소련의 대립 관계다. 전쟁(특히 핵전쟁)의 잠재적 원인으로 초강대국 분쟁을 강조하면서 반핵교육과 소련 연구가 부각되었다. 이것들은 1950·60년대에 미국 고등학교에서 흔히 이루어진 공산주의 교육을 유행시켰던, 소련에 관한 초기 강박관념에서 자연히 유래한 것으로 볼 수 있다. 이러한 강박관념은 소련의 역사와 문화에 대한 좋은 교육과정 자료를 만들어 냈지만, 이 자료들은 서구의 정치적·경제적 가치에 대한 공산주의의 도전에 삐딱하게 매료된 것을 폭로하는 자료만큼 인기 있지 않았다. 대체로 냉전에 자극된 강좌를 이수한 사람들이 나머지 미국 시민보다 소련의 생활과 정책을 더 잘 알지 못하며, 소련의 과거와 현재 경험에 한심할 정도로 무지하다.

이런 무지는 평화교육의 지대한 관심사가 되었다. 현재 대학교와 중등학교에 개설된 소련 연구 강좌는, 미국-소련 전쟁이 의사 불통, 판단 착오 및 무지에서 비롯될 가능성이 높고 핵 억지력으로 유지되는 취약한 '공포의 균형'을 산산조각 낼 것이라는 가정을 반영한다. 만약 두 강대국이 서로를 더 잘 알고 이해하길 원한다면, 평화를 유지하고 핵전쟁을 방지하는 데 필요한 합의에 도달할 가능성이 더 높아질 것이다. 어느 정도 이러한 가정들은 '국제이해'라는 평화의 개념에서 비롯되었고, 소련의 생활과 문화에 관한 고학년 과목에 더해 러시아 어린이의 생활, 러시아 민담 및 민요에 대한 강의, 소련 어린이와의 편지 교환 및 예술 교류를 제공하는 현행 초등학교 프로그램의 근거가 되었다.

초강대국 간의 핵전쟁 위협을 가장 중대한 관심 분야로 보는 많은 이들은, 핵무기 경쟁이 그러한 전쟁의 개연성 있는 요인이라고 가정한다. 이 가정이 현재 널리 행해지고 있는 '반핵교육'이라는 평화교육의 한 형태를 탄생시켰다. 소극적 평화를 위한 이런 형태의 교육은 드라마, 다큐멘터리, 패널 토론 등과 같은 다수의 TV 프로그램과 주류 영화는 물론이고 핵전쟁에 관한 방대한 대중 문학을 만들어 냈다. 이러한 흐름은, 1984년 유네스코 평화 교육상 수상과 1985년 '핵전쟁 방지를 위한 국제의사회'의 노벨 평화상 수상으로 반핵교육의 공로를 인정받은 의사들의 예를 따르는 많은 국내·국제 전문직 단체에 의해 계속 이어졌다. 이런 활동의 핵심에는 군비 경쟁 자체가 전쟁을 야기한다는 신념이 있다. 대규모 군비 증강은 교전국들이 전쟁 준비를 그렇게 잘하지 않았으면 피할 수 있었을 전쟁보다 앞서 이루어졌다. 발명된 모든 무기는 결국 사용되었다. 그리고 전쟁 억지 이론과 반대로, 지속적인 핵무기 개량 및 생산은 전쟁을 예방하기보다 초래할 가능성이 더 높다(Beer, 1983).

이와 똑같은 가정은, 비슷하지만 더 넓은 분야인 '군축교육disarmament

education'의 근저를 이룬다(UNESCO, 1980). 이 소극적 평화 접근법은 이런 가정들을 핵무기에 한정하지 않고 모든 무기로 확대한다. 군축교육은 군비경쟁에 대해 포괄적인 관점을 취하고 모든 대량살상무기는 물론이고 재래식 무기도 다루며, 설계와 개발이 진행 중인 신무기도 포함한다. 이 신무기들은 '전략방위계획'의 무기들보다 훨씬 더 신형이지만 대중의 관심을 덜 받고 있다. 이 접근법은 다른 어떤 소극적 평화 접근법보다 제도로서의 전쟁이라는 이슈와 가장 가깝게 직면한다. 그것은 진정한 세계 수준의 접근법으로, 모든 국가가 전쟁 포기를 선언해야 달성되는 '전면적이고 완전한 군축 General Complete Disarmament(GCD)' 개념을 고려한다. 이를 제도적으로 요구한다는 점에서 군축교육은 필자가 평화교육에 대한 개혁적 접근이라고 범주화한 것에 더 가깝다.

반핵교육은 개량적인 정책 수단들을 탐색하면서 현재 고조되고 있는 군비경쟁에 대한 주된 대안으로 핵 동결, 포괄적 핵실험 금지, 기타 유사한 단발성 군비 통제 방안 등을 강조하는 경향이 있으며, 군비 제한하고 감축하는 다른 선택지에는 한정된 관심을 기울이고 '전면적이고 완전한 군축'에는 사실상 전혀 주목하지 않는다.

반면에 군축교육은 모든 선택지를 검토하고 대안적인 방위 및 안보 시스템 같은 보다 근본적인 변화 가능성을 모색하는데, 이 변화는 보통 국제 시스템 개혁과 국가의 주권 제한을 함축한다. 그리고 군비경쟁과 무기 거래의 광범위한 영향을 그 경제적·사회적 결과와 문제의 사회정치적인 측면을 포함하여 조사한다. 군축교육은 아직 초·중등학교에서 찾아보기 쉽지 않고, 주로 대학교와 비공식 성인 교육에서 그리고 교회 관련 프로그램과 몇몇 평화운동 단체의 프로그램에서 실시되고 있다.

이 상황에서 유엔의 '세계군축캠페인World Disarmament Campaign'—즉 세계 모든 지역의 모든 교육 장소에서 군축교육을 가능하게 하는 교육 및 정보 프로그램—은 중대한 변화를 가져올 수도 있다. 이 캠페인은 1982년 제2차 유엔 군축특별회기 동안 유엔 총회 결의로 시작되었으며, 정보 제공, 교육, 군축에 우호적인 여론 조성 등을 목적으로 한다. 이를 위해 교육기관, 전문직 단체, 시민단체 등에 자료와 정보를 제공한다. 이것은 교육자와 활동가에게 소중한 자산이다.

○ World Disarmament Campaign, c/o United Nations, New York, NY 10017로 편지하면 정보를 제공받을 수 있다.

소극적 평화를 위한 교육의 목적과 목표

소극적 평화에 관해 현재 이루어지는 교육 실천의 일반적인 목적은 세계군축캠페인이 옹호하는 것과 유사하다. 사실 전반적 의도는 평화와 군축을 지지하고 이를 달성하기 위해 행동하는 식견 있는 시민을 양성하는 것이다. 근본 목표는 '정보 제공to inform'이지만, 이는 더 광범위한 목적들 중 가장 기본적인 것일 뿐이다. 그 목적 중에서 분명하게 드러나는 것은 평화교육을 위한 학습 목표에는 흔히 실리지 않은 목적을 설명하고 설득하고 반응을 이끌어 내는 것이다.

가장 명백하고 널리 알려진 목적은 '정보 제공'이다. 실은 세간의 이목을 가장 많이 끌고 가장 혹독하게 비판받은 것이 가장 단순하고 기본적인 바로 이 목적이다. 이전에 모르거나 무시되었던 핵무기 개발 및 비축의 본질, 잠재적인 영향, 현재 결과에 관해 기본적인 정보를 전파하는 것은 반핵교육의 발전에서 첫 번째이자 가장 널리 퍼진 활동이다. 또한 핵무기 경쟁 자체, 이 경쟁에서 두 초강대국의 역할, 무기 개발 단계, 확산 통제를 위한 정책 대안에 관한 사실과 핵 정세에 영향을 미치는 현존 및 잠재적 분쟁에 대한 연구를 제시하지만, 가장 이목을 끌고 가장 혹독한 비판을 불러일으키는 것은 핵무기 사용이 초래할 결과에 대한 정보였다.

반핵교육에 가해진 비난은, 교의 주입이라는 데서부터 청소년에게 정서적 악영향을 끼친다는 데까지 다양하다. 일부 교육 내용은 핵무기 동결에 대해 일방적인 주장을 제시했을 가능성이 있으며, 이전에 별다른 문제의식이 없었던 많은 청소년이 새로이 접한 핵전쟁의 이미지로 깊은 불안감에 휩싸였음도 분명하다. 하지만 대부분의 평화교육은 어떤 접근법을 취하든 학습자가 자료를 다룰 준비가 되어야만 시작된다. 사실, 많은 반핵교육 프로그램은 학생들이 학교 밖에서 접하는 정보에 반응해 표현하는 필요와 욕구에 따라 시작되었다. 모든 접근법의 가장 일반적인 목표는 비판적 사고력의 개발이므로 반핵교육을 비난하는 사람들은 언급하지 않은 두 가지 정황, 즉 반핵교육 프로그램의 성장세와 성공 때문에 비판한 것으로 보인다. 정보를 제공하는 기본 목표는 분명히 달성되었다. 평화와 군축을 위한 학생들의 행동에서 알 수 있듯이, 학습자들은 핵 위협을 수동적으로 받아들이는 것을 넘어서고 있었다. 학생들이 더 큰 평화운동에 적극적이 되었으며, 다른 학생과 일반 시민에게 다가가기 위해 스스로 계획하고 주도하는 활동에도 착수했다.

이러한 동향은 학습자가 군비 경쟁의 상황과 역동성뿐만 아니라 발생 원인, 군비경쟁이 벌어지는 국제 시스템의 특성, 분쟁 국가들 간 관계의 본질을 설명하려는 교육을 기꺼이 받아들이는 데서도 엿볼 수 있다. 특히 고등학교 수준에서는 때때로 정치적·윤리적 문제의 복잡성도 다루어진다. 좀 더 어린 청소년들과도 관계의 문제에서 제기되는 가치 문제와 분쟁 상황에 대한 다양한 대응의 창의적 가능성을 터놓고 다룰 수 있다. 그렇게 학습자들은 복잡성을 이해하고 또 국가 지도자들이 자주 취하는 단순한 양자택일 접근의 제약에서 벗어나는 행동 목록을 이해하게 되었다. 목표는 학습자가 상황을 합리적으로 비판하고 정책 대응에 참여하는 능력을 개발하는 것이다. 학생들을 행동으로 이끄는 것은 이런 형태의 합리적인 비판이다.

대부분의 평화교육자는 비판적 분석이 실제 문제 해결에 적용될 때 가장 유용하다는 데 동의한다. 평화교육에서 가장 필요한 것은, 평화에 장애가 되는 문제들이 해결 가능하다는 것을 학생과 시민 모두에게 납득시키는 일이다. 이것은 모든 문제에 궁극적인 해법이나 기술적 해결책이 있다고 주장하는 것이 아니다. 비록 간단한 답은 없지만 가장 부정적인 결과를 방지하는 방식으로 그런 문제에 접근할 수 있음을 분명히 보여 주는 것이다. 핵무기가 그런 문제다(Jacobson et al., 1983). 모든 접근법의 공통된 가정은, 핵 위협을 포함한 대부분의 세계적 문제는 인간이 유발한 것이고 인간의 개입으로 극복할 수 있다는 것이다.

반핵교육은 위험이 너무 큰 현재의 교착 상태에 방치할 수 없음을 설득하려 한다. 군축교육은 근본적인 정책 변화가 기본적인 상황을 변화시킬 수 있음을 설득하려 한다. 국제이해교육은 모든 민족이 인간이고, 똑같은 생존 욕구를 가지고 있고, 전쟁 방지에 공통의 이해관계를 갖고 있음을 설득하려 한다. 분쟁 연구는 설사 분쟁이 불가피하더라도 폭력은 필연적이지 않으며, 국가를 파괴하지 않고도 경쟁하고 분규를 해결할 수 있는 방법이 있음을 설득하려 한다.

모두가 같은 학습 목표, 즉 적극적 문제 해결 접근을 추구한다(Jacobson,

1982). 그들은 학습자에게 특정한 해법의 효능이 아니라 인간의 문제 해결 역량에서 찾을 수 있는 가능성의 범위를 납득시키려 한다. 이러한 역량 개발을 추구하면서 소극적 평화를 위한 모든 형태의 교육은 세계적 책임을 강조하는 방향으로 교육하고 있다.

이러한 접근법 덕분에 평화교육자들은 교육이란 지식을 전달하는 과정이라기보다 학습하는 역량을 '꺼내는' 것임을 인식하고 그들의 목표가 (강요나 주입이 아니라) 긍정적인 반응을 끌어내는 것이라고 말할 수 있게 되었다. 소극적 평화에 국한되든 적극적 평화를 망라하든, 평화교육은 전쟁과 폭력의 문제에 대한 의식과 이해를 끌어내야 한다. 그러나 의식화 consciousness-raising라고도 일컬어지는 이 목표는, 대부분의 경우 상상력과 기획력의 이용, 가치 개발, 행동에의 헌신 등과 같은 목표에 도달하기 위한 예비 단계로 간주된다.

의식을 끌어내려는 것의 목적은 배려하는 역량을 강화하고, 문제들로 인해 고통 받는 사람에 대한 진지한 관심을 일깨우며, 행동을 통한 문제 해결에의 헌신을 키우기 위해서다. 하나의 행동이 다른 행동으로 이어질 때, 그리고 평화를 위한 행동이 지속적인 행동 패턴이나 생활방식의 일부가 될 때, 배려가 스며든 의식은 관심이 되면서 그와 같은 헌신으로 이어질 수 있다(Laor, 1980). 목표는 평화의 문제에 대한 지속적이고 적극적인 대응과 문제 해결에의 헌신을 끌어내는 것이다. 나중에 다시 간단히 서술하겠지만, 이러한 배려care·관심concern·헌신commitment의 순환이 평화 학습과정의 핵심이다.

정치적 이슈
교의 주입의 문제

평화교육의 가치와 행동 차원은 평화교육자가 정면으로 맞서야 할 중요한 논쟁의 근원이다. 목적에 설득이 포함된다면, '교의 주입'과 편향성 문제를 반드시 다루어야 한다. 교사 노조와 학교 행정당국은 물론 학계로부터 제기된 편향성과 관련된 비난은 평화교육과 평화연구를 겨누고 있다. 이런 비난의 대부분은, 또한 앞서 언급한 비판의 대부분도 우리의 문화와 정치에 만연한 이원론적 양자택일 사고방식에서 연유하며 '객관적=가치중립적'임을 의미한다는 잘못된 생각을 반영하고 있다. 다행스럽게, 모든 교육은 가치중립적이라는 생각을 고수하는 교육자가 거의 없다. 파울로 프레이리 Paolo Freire(1973)가 주장하듯, 대부분은 중립적 교육은 없다는 데 동의한다. 교육은 사회적 가치의 실현을 위해 수행되는 사회적 사업이다. 문제는 교육을 통해 어떤 가치를 어떻게 실현하는가이다. 평화교육자들은 어떤 것이 사회적 가치와 교육적 가치의 적절한 관계라고 보는가?

　　명백히 평화교육은 조직화된 폭력을 줄이고 전쟁을 방지하는 데 높은 사회적 가치를 둔다. 이런 목적들이 소극적 평화를 위한 교육의 주된 가치 목표로 언명될 수도 있다. 우리는 이 목표를 달성하기 위해 교육하는데, 다른 세대와 다른 분야의 교육이 공중보건 향상, 국민 통합, 생산적 경제 등 다른 사회적 목표에 기여하려고 애써 온 것과 같다. 이와 같은 일반적으로 인정된 교육 목표들은 전혀 중립적이지 않으며 몰가치적이지도 않다고 받아들여진다. 관련 가치들은 사회적으로 인정받았으며, 학교가 그것들을 전하려고 노력할 때 '교의 주입'으로 비난받지 않았다. 하지만 몇몇 사려 깊은 교육자들은 어떤 경우에 의도적 설득과 주입이 있었는지 의심한다.

가장 중요한 것은 그와 같은 방법의 효과성이다. 교의 주입이 정말로 평화교육의 목적에 도움이 될 수 있는가? 비판의식 개발을 주요 학습 목표로 삼는 평화교육자들과 특히나 그것을 근본적인 교육 목표로 보는 이들에게, 답은 단연코 '아니다'다. 그런데 이것은 전쟁과 폭력에 관해 미국 사회가 어떤 가치관을 가지고 있는가라는 훨씬 더 논쟁적인 이슈를 제기한다. 비판적 맥락에서 이런 질문을 제기하는 것이 평화교육에 대한 비난의 기본적인 이유라고 생각한다.

분명히 교육이나 교육자는 중립적이지 않으며, 그렇게 되려고 열망하지도 말아야 한다. 다른 한편으로, 우리는 특정한 정치 편향과 객관성 결여를 정말로 피하고 싶어 한다. 평화교육 프로그램이 학생들의 비판의식을 개발하고 스스로 어떤 것을 옹호할지 결정하도록 돕기 위해 가급적 많은 방안을 탐구하기보다는 평화를 이루기 위한 특정 방식을 사실상 옹호한다면 그 프로그램은 편향될 뿐만 아니라 좋은 평화교육이 아니다.

평화교육의 궁극적 목표는 평화를 이루는 것이지, 평화로 가는 어떤 특정한 경로를 채택하는 것이 아니다. 충분한 정보를 바탕으로 비판적 판단을 내리려면, 학술 활동과 공공 정책 형성 모두에서 일반적으로 인정되는 기준을 사용해 모든 가능성을 객관적으로 검토해야 한다. 합리적인 비판과 적극적인 정치적 대응의 목적은 분리될 수 없다. 특히 평화교육은 크게 보아 정치 교육이자 시민 교육이기 때문이다. 이것이 문제의 핵심이다. 학교는 정말로 민주적 정치 과정에 적극적 참여할 수 있도록 준비시킬 의향을 가지고 있는 것일까?

이런 형태의 교육에 내재하는 정치적 행동 가능성이 비평가에게 찧고 까불 소재를 제공한다. 하지만 어떻게 교육할 것인가라는 이슈와 의문점 모두를 많은 사람이 참여하는 공개 토론에 부칠 수 있으므로 비판은 환영한다. 위험은 일부 비평가들이 학교에서 이 필수적인 탐구를 폐쇄하라는 압력을 이용해 이슈를 공론의 장에서 배제하려고 노력하는 데 있다. 비평가들의 계속적인 관여는 평화교육에 상당히 필요하다.

폭넓은 평화교육에서 필요한 것들은 우리가 목적과 내용을 명확히 하려고 분투할 때 반드시 고려되어야 한다. 소극적 평화교육에 사용된 접근법에 대한 이러한 검토는 개념 정의, 접근법, 모든 평화교육이 직면한 문제 등에 관한 논의를 활성화시키려는 것이다.

평화, 사회 변화, 미래 운동 등과 관련된 많은 개인과 단체가 보기에 오늘날 인류는 산업혁명 이후, 아니 어쩌면 정주 생산의 출현 이후 가장 지대한 영향을 가져올 변화를 경험하고 있다. 인류 역사 최초로 인간이 지구 전체를 파괴할 수 있는 능력을 갖게 되었다. 지금 이 순간은 인류에게 중대한 선택의 시간임에 의문의 여지가 없다.

평화는 우리 시대의 중차대한 전 지구적 생존 이슈다. 평화교육의 폭과 깊이는 이 도전에 대처해야 하는 과제를 감당할 수 있어야 한다. 도전은 평화교육이 포괄적이고 변혁적이며 실용적일 것을 요구한다. 즉 소극적 평화 영역 안에서 이해되는 실제적이고 냉철한 관심사를 계속 강조하는 한편, 적극적 평화를 구성하는 특별히 인간적 관심사도 포함시켜야 한다.

포괄적이고 진정한 평화—적극적 평화와 소극적 평화의 융합—는 사실 유토피아적인 개념이다. 하지만 유토피아의 목적이 기존 질서의 잘못과 죄악을 분명하게 드러내는 동시에 변화를 위한 행동을 고취하기 위해 대안의 이미지를 제시하는 것임을 기억해야 한다. 기본적으로 평화교육은 행동을 위한 교육이어야 한다. 우리는 변화를 위해, 실제적이고 성취할 수 있는 변화를 위해 교육해야 한다. 소극적 평화 영역에서 그런 변화는, 최소한 전쟁 가능성을 현저히 감소시키는 것을 의미하며 최선으로는 전쟁의 폐지를 의미한다.

그러므로 평화교육은 실용적이어야 한다. 하지만 그 실용주의는 현재의 시스템 안에서 도출된 정책 수단들만 가르치는 현재의 실천, 즉 개량적 평화교육 방식을 넘어서야 한다. 그것은 이제 시스템과 제도, 특히 지구 자원을 분배하는 시스템, 세계경제 시스템, 자원을 둘러싼 국제 경쟁 시스템, 전쟁 시스템 등을 변화시키는 학습을 개혁적인 방식으로 강조해야 한다. 평화교육은 전쟁이라는 제도의 철폐 필요성을 직시해야 한다. 그렇지 않으면 변혁의 동인이 되지 않을 것이다.

이 과제 해결에 나설 수 있도록 평화교육을 발전시키기 위해 우리가 취할 수 있는 하나의 실제적인 조치는, 소극적 평화의 의미를 '인간이 만든 제도인 전쟁의 전면 폐지'로 재정의하고 적극적 평화의 의미를 '무력 분쟁에 의지하는 것을 더 이상 기대할 수도 없고 결코 용인되지도 않는 사회질서'로 재정의하는 것이다. 또한 이러한 조치는 우리가 평화교육을 더 포괄적으로 정의하고 그 영역에 변혁적으로 접근할 수 있도록 해 줄 것이다.

제 **3** 장

적극적 평화를 위한

교육

● 적극적 평화는 폭력의 필요성이 없어지지는 않았지만 크게 줄어든 세계를 함축하는 개념이 되었다. 적극적 평화 영역에서 주요한 관심 분야는 경제적 궁핍과 개발, 환경과 자원, 보편적 인권과 사회정의다. 평화교육은 이러한 분야 모두를 '세계정의global justice'라는 일반 개념으로 아울러 온 듯하다. 일선 교사들이 사용하는 '세계정의'가 '적극적 평화'만큼 정밀한 용어는 아니지만, 모든 사람이 인권의 전체 범위를 온전히 향유한다는 의미에서 '정의'가 적극적 평화를 구성하는 요소이므로 적절한 용어다.

세계정의

적극적 평화의 중심 개념

세계정의는 포괄적인 개념으로, 사회경제적 세계 시스템의 변화를 진정한 세계평화에 필요한 전제조건으로 간주한다. 실제로 더 많은 평화교육자들이 전쟁에 관한 것보다는 지구 환경, 세계경제 시스템의 불공평과 관련된 문제에 초점을 맞추고 있는 것 같다. 미국 시민이 직면한 몇몇 중요한 외교 정책의 현안에서 그리고 세계 빈곤 문제의 해결에 기여할 교육적 가능성에서 그 이유를 찾을 수 있다.

핵무기 경쟁과 미-소 관계 이슈의 절박성으로 이들 특정 문제가 미국 평화교육 프로그램에서 각광받았지만, 중앙아메리카 해방 투쟁, 아프리카 대기근, 아파르트헤이트 반대 운동 등이 제기한 문제들도 점점 더 많이 학교의 교육과정에 반영되고 있다. 평화교육자들은 불의injustice 문제를 중요시한다.

여러 형태의 불의, 특히 빈곤에 대한 연구는 뚜렷하게 구분되는 두 가지 방식, 즉 문제 중심 접근법과 구조적 접근법으로 수행되고 있다. 문제 중심 접근법은 북미에서 널리 사용된다. 유럽과 라틴아메리카에서 널리 사용되는 구조적 접근법은 종교적 믿음에 근거한 교육자들 특히 누룩 운동Leaven movement이나 평화 및 정의 교육위원회Peace and Justice Education Council 등에서 활동하던 가톨릭 교육자들이 개발한 교육과정에서 가장 흔하게 찾아볼 수 있다(Reardon, 1988). 또한 국제 환경에서 개발된 접근법을 취하는 이들에게서도 나타난다.

세계경제의 불공평에 관한 연구는 구조적 폭력 개념과 사회적 가치 분석이 특별히 적합한 또 다른 분야다. 분쟁에서의 빈번한 폭력 사용에 대한 분석과 마찬가지로 세계경제 시스템의 불공평 분석은 가치 이슈를 다루어야 한다. 잉여농산물과 동시에 늘어나는 세계 기아, 널리 소비되는 원자재를 생산하는 노동자들의 불충분한 소득, 자국이 생산한 재료로 만든 공산품을 비싸게 수입하는 국가들의 어려움, 일부 국가에서 국민총생산 증가와 동시에 나타나는 빈곤층의 증가 문제 등과 같은 대조는 세계경제를 지배하는 구조를 이해하기 위해 분석해야 할 이슈를 제기한다. 풍요의 세계에서 빈곤 문제가 발생하는 역설적인 상황은, 그런 문제들이 지속되도록 용인하는 정책의 근저에 있는 가치에 대한 분석도 요구한다. 사실, 이런 문제들은 지역에서 세계에 이르는 모든 수준의 구조 분석과 정책 분석에 감안되며, 아울러 개인 수준을 포함한 모든 수준에서의 가치 분석을 요구한다.

중등학교에 진학한 학생은 공공 정책에 대해 판단하는 역량을 개발하는 가운데 자신의 사회적·정치적 가치를 점검할 수도 있다. 이들 이슈의

✳ 부록에 실린 *Bulletin of Peace Proposals*, Vol. 10, No. 4, 1979(평화교육 특집호)에 대한 주석 참조.

대부분은 세계적 네트워크를 통해 개인과 영향을 주고받는 지점까지 추적할 수 있으므로 학생들은 이러한 세계적 구조에서 자기의 위치를 이해할 수 있고 변화를 위해 행동할 것인지 여부를 결정하면서 자신의 행동과 가치를 살펴볼 수 있다. 행동을 위한 다양한 선택지 중에서 고르는 것은 그 자체로 가치 분석과 의사 결정을 행하는 것이다. 선택지를 식별하는 것은 역량 강화의 과정이기도 하다. 그리하여 평화교육의 중요한 학습 목표인 의사 결정 능력의 습득과 역량 강화 의식의 개발이 달성된다. 이들 두 목표는 세계정책연구소의 교육과정 조사에 특별히 포함되었다(Reardon, 1988).

적극적 평화를 위한 교육의 선례

평화교육 실천에 영향을 미치는 적극적 평화 개념을 탐구하면, 이 분야 교육과정의 확실한 기원을 알아볼 기회를 갖게 된다. 최근 교육이 핵무기 경쟁과 소련에 몰두하는 데는 소련의 팽창주의와 공산주의 확산에 대한 우려가 있었던 것처럼, 세계정의에 대한 관심도 '국제이해교육education for international understanding', '국제교육international education', '세계교육global education'이라는 더 적극적인 선행 개념들에서 비롯되었다.

'국제이해교육'이 아마 적극적 평화를 위한 교육의 가장 앞선 형태일 것이다. 소극적 평화 개념은 간혹 다름을 강조하고 경쟁 또는 대립 상황에서 이를 '다루기' 위해 상대방의 이해에 관심을 기울이기도 한다. 반면에 적극적 평화 개념은 공통점을 강조하고 아울러 협력해야 할 타자에 대한 이해를 요구한다. 이해가 증진되면 반드시 더 조화롭고 협력적인 관계로 이어질 것이라는 가정에는 의문의 여지가 있지만, 경쟁보다는 협력을 위해 교육한다는 전제는 적극적 평화를 위한 교육을 개발하는 데 매우 중요했다.

국제이해교육의 초기 활동 일부는 실체가 없을 수도 있다. 심지어 몇몇은 개발도상국에 대한 부정적이고 문제 많은 견해와 같은 오래된 고정관념을 강화하거나 새로운 고정관념을 만드는 데 일조했을 수도 있다. 하지만 기본적인 목적은 협력을 증진하고 분쟁을 감소시키면서 새롭고 더 긍정적인 국제관계를 가져오기 위해 타자를 이해하는 법을 배우는 것이었다. 근본적인 가정은, 비록 국가들과 집단들이 크게 다르더라도 모든 사람은 동등한 인간이고 우리가 타자를 알기 시작하면 이 사실을 인정하고 그에 맞춰 행동할 것이라는 것이다. 놓치고 있던 점은 '그에 맞춰 행동하는 것'의 실체가 무엇이냐이다. 게다가 그런 행동을 가능하게 만드는 시스템과 과정에 대한 연구도 빠져 있었다.

미국이 새로이 획득한 국제적 책임에 알맞은 지식을 제공하려고 다른 국가들에 관한 강의로 설계한 '국제교육'은, 국제이해교육과 함께 1940·50년대에 가장 인기 있는 접근이었다. 이 시기 동안 교환 방문을 통해 '국제적' 경험을 쌓게 하고 학생에게 '국제적' 직업을 준비시키는 활동도 증가되었다. 오늘날에도 '국제적'이라는 용어는, 사실상 초국가적이거나 세계적 사건과 활동에 관해 사용되는 것이 보통이다. 국경을 넘어선 활동과 관심사에 '국제적'이라는 용어를 익숙하게 사용하는 것은, 많은 사람이 더 큰 세계와 관계를 맺는 유일한 방식이 국가 정체성을 통해서라는 것을 반영한다. 그래서 '세계적' 및 '초국가'와 다르게 '국제적'은 다양한 문화, 다양한 국가 출신 개인들의 상호작용을 기능상 함축한다. (안타깝게도 미국의 국가 지도자들 다수가 이런 관점을 갖고 있다.)

특히 1950년대에 인기 있던 국제교육에 대한, 비슷한 가정과 목적을 공유하는 두 가지 다른 접근법은 '지역 연구'—세계의 특정 지역에 대한 심층

연구—와 비서구 세계의 민족들과 미국 내 소수민족 문화에 대한 연구를 강조하는 '다문화 교육'이다. 다문화 연구는 여전히 평화교육에서 일정하게 통용되는데, 지역 연구는 세계적 관점이 결여되고 세계적 문제에 거의 초점을 두지 않은 까닭에 평화교육에 실제로 포함된 적이 없다.

'국제이해교육'과 '국제교육'은 둘 다 '세계교육'만큼 많은 영향을 주지 않았다. 모든 민족에 공통성이 있다는 국제이해교육 특유의 가정은 1960년대에 출현한 '세계교육'으로 계승되었다. 그러나 세계교육은 개념상 여러 면에서 국제이해교육과 다르다. 국제이해교육이 인류의 문화, 국가, 정치 시스템의 다양성을 비교 관점에서 밝혀냈다면, 세계교육은 모든 인간 집단의 상호 의존성과 하나의 지구 시스템이라는 현실을 명백하게 보여 주었다. 세계교육은 상호 의존성과 '우주선 지구Spaceship Earth'라는 개념으로 요약된다. 또한 현대의 공적인 문제는 대체로 세계 수준의 해법을 필요로 하므로 결국 세계적 협력이 요구됨을 인식할 필요가 있고 또 협력이 가능하다는 것을 강조한다.

하지만 일부 세계교육은 초기 단계에서 모母 학문인 사회과학의 한 가지 전통을 따라가려고 시도했다. 따라서 때때로 적어도 세계적인 문제 연구는 중립적이고 몰가치적이라고 주장했고 국제 시스템 개혁에 대한 고려 사항은 무시하거나 거부했다. 대학에서 평화와 세계 질서를 연구하는 사람들이 그들의 연구를 보다 전통적인 국제관계학과 구별하는 것처럼, 스스로 평화교육자임라고 밝힌 몇몇 사람들은 이 점을 두 분야(평화교육과 세계교육) 사이의 주요한 차이라고 보았다(Weston et al., 1978). 평화학과 평화교육은 명시적 가치 기반을 인정하며 언제나 규범적인 분야라고 자처해 왔다(Thorpe & Reardon, 1971). 적극적 평화는 특히 가치 함축적 영역이며, 현재의 세계교육도 확실히 가치 함축적이고 가치 이슈가 관련된 문제들을 강조한다(Kniep, 1986). 실제로 세계정책연구소 조사에 제출된, 교사들이 개발한 교육과정에도 이런 문제들이 나타나듯이(Reardon, 1988), 세계교육이라고 밝힌 단원들에서 적극적 평화의 개념은 가치 개념을 강조한다.

적극적 평화의 개념

적극적 평화가 정동적affective 가치 교육을 강조하는 것은, 세계정책연구소 조사에 응답한 많은 사람이 자신의 교육과정의 기초라고 밝힌 핵심 개념 들에서도 볼 수 있다. 이 개념들은 세 가지 가치, 즉 공동체적 시민 가치, 생명 존중 가치, 개인과 긍정적 인간관계의 가치를 축으로 군집을 이루는 경향이 있다. 이 세 가지 군집에 대한 개념적 약어는 '시민성citizenship', '관 리책임성stewardship', '관계성relationship'이다(이 개념들은 제5장에서 평화교육의 목표 및 목적과 관련해 논의할 것이다). 이들 핵심 가치는 세계정책연구소의 평화교육과 정 조사에서 드러난 적극적 평화의 개념들 대부분에 영향을 미친다.

조사의 응답에서 평화조성 과정으로서 공동체 건설을 자주 언급하 고, 문화적·민족적·이념적 차이를 초월한 인간의 공통성을 강조하고, 모든 사람에게 공통된 지구의 미래를 위한 지상과제를 주장하는 것 등은 공동 체로서의 평화 개념을 드러내는 듯하다. 교육과정과 이론적 문헌에는 세 계 공동체가 평화로운 국제사회의 핵심 개념으로 자주 언급된다(Matriano &

Reardon, 1976). '공동체'는 공동 운명과 공동 복지를 인정하는 것으로 여겨진다. 공동체 개념은 평화교육이 정동적 목표의 하나로 추구하는 가치와 태도인 배려·나눔·협동·연대를 강조함으로써 강화된다. 이 가치들은 세계정의 구현에 핵심이며 개발교육development education의 근본으로 간주된다. 이 가치들의 달성은 세계 공동체 건설에 기여하고 세계시민적 책임감으로 행동하고 세계시민을 자임하고자 하는 우리의 의욕과 역량에 달려 있다.

공평성, 호혜성, 그리고 모든 개인의 고유한 가치에 근거한 인간관계 네트워크로서의 평화는 세계정의를 천명하는 것으로 해석될 수 있다. 이러한 평화 개념은 평화교육에 대한 다문화적 접근의 눈에 띄는 특징으로 보이는데, 그것은 문화적 다름을 공감하는 능력과 인간존엄성을 대인관계, 사회관계, 구조적 관계 등 모든 인간관계의 본질적 기초로 인정하는 태도의 개발을 추구한다. 그것은 또한 인권교육에도 영향을 미치는 가치 기반이다.

생명 존중으로서 평화는 적극적 평화의 가장 강력하고 역동적인 개념일 것이다. 세계 공동체의 목표에는 구조적 변화의 필요성이 함축되어 있으며, 진정으로 공평하고 호혜적인 인간관계의 성취는 현재 상황에서 가치와 태도의 의식적 변화를 요구하기 때문이다. 또한 생명 존중은 적극적 투쟁을 필요로 한다. 지구인Earth's peoples의 생명을 단축시키고 삶의 질을 저하시키는 고질적인 빈곤에 대한 투쟁, 수백만 명의 기력을 쇠하게 하고 생명을 잃게 하는 만성적인 굶주림과 기아에 대한 투쟁, 자원을 고갈시키고 세계 도처에서 국가들 사이에서 그리고 국가들 내부에서 치명적인 분쟁을 촉진하는 재래식 군비경쟁에 대한 투쟁, 지구 자체의 존속을 위협하는 핵무기 확산에 대한 투쟁 등이다.

지구의 보존은 이러한 평화 개념을 가진 이들의 가장 중요한 목표이며, 그것은 일반적으로 인간과 지구 사이의 관계 재정립을 수반한다. 이러한 투쟁들은 모두 칠레의 한 평화교육자가 "생명의 문화"(Vio Grossi, 1985)라고 명명한 것을 창조하기 위한 범세계적 운동의 일부다. 모든 사람의 인간 존엄성을 지키고 생태적으로 건강한 지구에서 존립 가능한 초국가적 민주주의를 실현하기 위한 다양한 활동 모두가 이 운동의 일부다. 환경보호 관심에서 시작해 관련된 구조적 이슈로 관심을 확대한 전 세계의 '녹색' 운동이 그와 같은 활동의 두드러진 사례다. 특히 지구의 건강과 관련된 환경교육 또한 이런 추세에서 중요한 요소다. 모든 것이 적극적 평화를 위한 교육에 어느 정도 영향을 미쳤다.

적극적 평화

접근법과 관심사

삶의 질 향상은 필자가 적극적 평화를 위한 교육으로 분류하는 세 가지 교육과정 접근법—환경교육, 개발교육, 인권교육—의 근본 목표다. 환경교육과 개발교육은 인권교육보다 널리 실천되고 있는 것으로 보인다. 세 분야에서 가르치는 이들 모두가 자신을 평화교육자라고 여기지 않으며, 실제로도 그렇지 않다. 어느 교육과정이 평화교육으로 분류될 수 있는가는 그것의 가치 내용 그리고 평화교육이 다루는 핵심적인 문제인 폭력을 어떻게 취급하느냐에 달려 있다.

세 가지 일반적인 접근법을 취하는 교육과정에서 "생명에 대해 의도적이고 피할 수 없는 손상을 입히는 것, 환경 또는 사회구조의 생명 유지와 향상 요소들을 해치는 것"이라는 폭력의 개념을 반영한 사례를 발견할 수 있다. 예를 들어, 환경교육에서 생태 보전 지역의 전면적 파괴를 의미하는 생태학살ecocide이라는 용어는, 환경이 특히 살아 있는 생태계로 상상될 때 폭력의 대상이나 희생자일 수 있음을 함축한다. 개발교육에서는, 사회경제적 제도가 일정 형태의 간접적 폭력을 가한다는 주장이 확산되고 있음을 드러내며 불공평한 경제구조가 인간의 삶과 안녕에 한계를 부과하는 것을 묘사하기 위해 '구조적 폭력'이라는 용어를 사용한다. 인권교육에서는, 생명을 줄이는 손상이 무기와 교전 외의 힘에 의해서도 가해질 수 있다는 생각을 반영하며 인권, 특히 시민적 및 정치적 권리를 부정하거나 오용하는 것을 묘사하기 위해 '침해violation'라는 용어를 사용한다.

거의 모든 형태의 환경교육·개발교육·인권교육은 명시적인 가치에 기반하고 있다. 환경교육은 생태계 보전이라는 가치를, 개발교육은 물질적 후생 증진이라는 가치를, 인권교육은 모든 인간의 존엄성과 존재가치 인정이라는 가치를 기반으로 한다. 적극적 평화를 위한 교육으로 분류되는 이들 세 형태의 교육은 가치 갈등에 맞닥트리며 개인 수준과 구조 수준에서 가치 분석을 요구한다. 개인 수준에서 가치 문제는 개별 행동과 생활양식 선택의 관점에서 분석되며, 구조 수준에서는 공공 정책과 공적 제도에 대한 선택지 관점에서 분석된다. 그와 같은 교육의 학습 목표 중에는 개별 행동과 공공 정책 제안에 대한 의식을 일깨우는 것, 공공 정책 입안과 집행에 관련된 그리고 개인의 공공 정책 선호에 관련된 가치 갈등에 대한 이해력을 키우는 것, 개인적 삶에 영향을 주고 정치 시스템이 공표한 인간적·사회적 가치를 전복하는 가치관의 모순에 대해 감수성을 개발하는 것 등이 있다. 이 모든 접근법에 깊이 박혀 있는 가정은, 적극적 평화를 이루기 위해서는 가치의 일관성이 필요하고 일부 핵심 가치는 사회 조직의 모든 수준과 인간 경험의 모든 영역에서 추구되어야 한다는 것이다.

적극적 평화를 위한 교육은 가치를 명시적으로 표현함으로써 소극적 평화를 위한 교육보다 훨씬 논쟁거리를 만든다. 미국인은 일반적으로 사회구조적 분석에 친숙하지 않으며, 구조적 폭력 개념은 대부분에게 생소하다. 많은 사람에게 그러한 사회적 분석은 마르크시즘처럼 들리며 많은 의혹과 우려를 자아낸다. 또한 많은 사람은 '죄인'과 '죄'를 구별하지 못한다. 정당, 이념적 분파, 사회계급, 사회운동, 특정 개인 등이 문제의 원인으로 간주된다. 따라서 그들의 행동을 좌우하거나 가능하게 만드는 구조보다 그러한 요소를 다루는 측면에서 해결책이 기획된다. 이러한 경향은 경제구조를 분석할 때 특히 강하게 나타난다. 경제적 공평성과 '자유기업' 간에 그리고 개인주의 및 자립과 '공공 복지' 및 '상호 의존' 간에 자주 발생하는 갈등은, 세계 전체를 대상으로 분석할 때 더욱 극심해진다. 소극적 평화를 위한 교육은 그것이 제기하는 이슈로 인해 비애국적이라고 간주되었다면, 적극적 평화를 위한 교육은 전적으로 위험한 우리의 생활방식에 도전으로 간주될 수 있다.

이것은 교육이 지배적인 사회적 가치에 의문을 제기해야 하는지, 아니면 공표된 사회적 가치와 사회 현실 간의 관계를 평가해야 하는지라는 이슈를 제기한다. 이와 같은 비판적 질문은 종종 편향성을 띤다고 비난받기도 하지만, 우리의 선구적인 교육철학자들이 학교교육의 주된 목적으로 옹호해 온 바로 그 과정이다. 비판적 사유 능력의 지속적 발달이 평생학습의 일부여야 함은 그 능력이 성인교육에 중심적 역할을 하는 데서 나타난다. 비판적 사유의 중요한 요소는 제시된 정보에서 편향성을 탐지하는 능력이다(Brookfield, 1986).

공적 이슈에 관한 교육은 언제나 논쟁적이었고 교의 주입이라고 비난

※ 오헤어Padraic O'Hare는 파울로 프레이리와 존 듀이John Dewey를 그런 인물로 언급했다(O'Hare, 1983).

받기 쉬웠다. 책임 있는 교육은 어떤 이슈에 관해서든 그 '양면'을 학습해야 한다. 편향되지 않은 교육은 대립하는 편견을 동등하게 고려하는 것을 의미한다. 하지만 당면한 주요 공적 이슈들은 복잡하고 다면적이어서 여러 의견을 단순하게 대립적인 양면으로 환원시키는 것은 적절하지 않음이 점점 더 분명해지고 있다. 바람직한 평화교육은 대부분 이러한 현실에 민감하게 반응하며 문제에 대한 다양한 관점과 해결책을 내놓는다. 논쟁적 이슈를 분석하기 위한 교육은 20년 이상 학교가 수행해야 할 중요한 책임이었으며(Oliver & Shaver, 1974), 그것은 평화교육자들이 옹호하는 '시민성 교육 citizenship education'의 중요한 구성 요소였다.

이와 같은 시민성 교육은 편견을 탐지하는 방법에 대한 교육을 포함한다. 객관성과 중립성이 구별되듯 가치입장value stance과 편견은 다르다. 교사가 중립적인 척할 필요는 없지만, 편견을 피하고 객관성을 얻으려고 시도할 수 있고 또 그래야 한다. 객관성은 상황의 진실을 가급적 많이 알기 위해 모든 증거를 살펴보는 것을 의미한다. 그러나 가치를 고려하지 않고 증거를 평가하는 것을 의미하지는 않는다. 확실히 가치는 증거에 대한 평가에 결정적이지만, 그 가치는 인정되고 평가에 고려되어야 한다. 그러나 편견은 객관성의 여지를 없애고, 자기 입장을 뒷받침하지 않는 자료를 배제하며, 증거를 충분히 검토하기보다 왜곡한다. 편견은 자신의 가치 기반을 좀처럼 인정하지 않으며, 연구 대상 이슈에 대한 의견과 관련 자료 모두를 충분히 고려하고 공정하게 평가하는 것을 방해한다.

'중립적'이라는 것은, 이슈와 이를 움직이는 가치에 대해 진정한 관심이 없음을 뜻한다. '편향적'이라는 것은 이슈에 영향을 미치는 관심사의 다양성을 부정하고 가치의 관련성을 부정한다는 의미다. 객관성은 가치 이슈를 외면한 위장된 편견일 뿐이다. 유능한 평화교육자는 편향적일 수도 없고 중립적일 수도 없다. 평화교육자들이 중립적인 입장을 취하며 자기 가치관을 가리려고 부적절하게 시도하기보다는 자신의 가치관을 드러내고 열린 마음으로 그것의 검토에 임하는 것이 훨씬 더 객관적이다. 평화교육에서 제기된 이슈, 특히 적극적 평화의 문제에서 제기된 이슈는 정책 옹호자의 가치관은 물론 교사와 학생의 가치관을 충분히 검토하고 평가할 것을 요구한다.

이 목표에 다가가기 위해 필자는 월벡과 바이스가 제안한 다음과 같은 가치 명료화 질문이 유용함을 발견했다.

1) 어떤 가치들이 중요한가? 그것들은 어떻게 정의되고 정당화되는가?
2) 명시적이거나 묵시적으로 위계적인 가치 체계가 있는가? 실제적 또는 잠재적 인 가치 갈등은 어떻게 해결하는가?
3) 개인의 가치관이 그에 따른 현실 인식, 학업과 연구의 목적 설정, 문제 해결 방법론 선택에 미친 영향 등을 어떻게 의식하고 성찰하는가?
4) 개인의 가치관을 규정하는 문화와 계급적 배경의 영향에 관해 감수성과 명시적 인식이 있는가? 다른 계급적·문화적 준거 틀을 수정하거나 포용하려는 시도를 어느 정도까지 할 수 있는가?(Walbek & Weiss, 1974)

인정된 가치입장의 중요성은, 적극적 평화를 위한 교육에서 가장 분명하고 구체적이지만 매우 등한시된 영역인 인권과 관련이 있다. 일반적으로 인정된 미국의 정치적·사회적 전통에서는 인권, 특히 시민적 및 정치적 권리에 대한 공개적이고 확고한 지지가 아주 폭넓게 존재한다. 그렇지만 미국의 대외 인권 정책은 공적 논쟁의 이슈가 되어 왔다. 이 주제는 비록 대중매체에서 다루어지고 있지만 여전히 미국 평화교육에서는 중요한 위치에 있지 않다.* 그런데, 평화교육과정 조사에 제출된 자료도, 시판되고 있는 자료의 대부분도 이 주제를 학교 교실에서 다룰 수 있는 기회를 많이 만들지 못했다.

　인권 이슈에 대한 이러한 관심 부족은 역설적으로 다음과 같은 보편적인 생각에서 연유한다. 첫째, 보편적 인권 개념과 이것을 정의한 국제 규약 원안이 미국의 정치적 전통에서 유래했다. 실제로 1948년 유엔 총회에서 만장일치로 채택된 「세계인권선언」은 대체로 미국의 인권 옹호자이자 외교관인 엘리노어 루스벨트Eleanor Roosevelt의 노력에 힘입은 바 크다. 둘째, 국제 규약에 열거된 구체적 권리들은 물론이고 인권의 개념은 적극적 평화 연구에 중심이 되는 '삶의 질' 요소를 측정하는 훌륭한 척도다. 셋째, 「세계인권선언」은 일반적인 역사 및 사회 연구 강좌에 세계통합주의globalism 개념과 세계 문제를 소개할 수 있는 완벽한 매개체다. 넷째, 인권의 부정은 분쟁의 주요한 근원이며 개발도상국의 많은 지역에서 평화의 장애물이다. 끝으로, 인권과 관련 있는 협정, 조약, 선언 및 법률이 평화롭고 정의로운 사회를 개념화하고 이미지화하는 데 사용할 구체적 사실과 개념의 훌륭한 원천이다. 그것들은 선호되는 미래의 추상적 가치와 유토피아적 비전을 구체적인 제안과 정밀한 이미지로 변환할 수 있는 수단을 제공한다. 또한 폭력과 불의를 가늠하는 효과적인 진단 장치이자 적극적 평화 상태를 묘사하는 유망한 처방 기제이기도 하다.

※ 일부 눈에 띄는 예외는 디트로이트의 웨인 주립대학교 평화갈등연구센터가 만든 교육과정 자료와 최근에 고안된 세계교육을 위한 교육과정 자료이다. 평화갈등센터의 자료에 대한 설명은 Reardon, 1988에 실려 있는 "Recommended Curriculum Materials" 참조.

인권이 완전히, 일관되게, 보편적으로 존중되는 세상이 평화로운 세상일 것이라는 생각을 논박하는 사람은 거의 없을 것이다. 인권은 평화교육의 풍부한 교육과정 영역이며, 적극적 평화와 소극적 평화를 연계할 수 있는 가장 유용한 개념 영역이다(Marks, 1983).

시사적인 주제와 교육과정 명칭

평화교육과정이 언제나 여기서 소개한 개념과 접근법에 의거해 서술되는 것은 아니다. 따라서 더 대중적인 주제와 명칭을 간략히 검토하면 더 친숙한 맥락을 알려 주는 데 도움이 될 수 있다. 각각의 요소들은 평화조성에 필수적인 관심사에 초점을 맞추므로 진정으로 포괄적인 접근은 이들을 일정하게 포함시켜야 할 것 같다.

가장 널리 사용되는 서술어이자, 또한 평화교육에서 의심할 여지없이 가장 널리 행해지는 접근법은 '세계교육'이다. 이것의 주된 관심사는 세계적 상호 의존성의 본질을 이해하며, 세계를 단일 시스템으로 간주하고, 공적 이슈의 세계적 차원을 이해하는 것이다. 세계교육은 현재의 모든 접근법 중 가장 열려 있고 다양할 것이다.

평화교육과정 조사와 필자의 관찰에 따르면, 두 번째로 대중적인 주제는 '반핵교육'과 '갈등 해결'이다. 이 분야의 공립학교 프로그램 대부분은 국가 또는 지방 교육위원회와 교육 관련 전문직 단체(미국교육연합회, 미국사회교과협의회 등)에서 정해 준 지침에서 비롯되었으며, '갈등 해결', '반핵(또는 핵시대)'교육, '세계'교육 등으로 식별된다.

제2장에서 언급했듯이, 갈등 해결은 건설적인 갈등 관리 기법을 강조하며, 개인 수준에서 세계 수준에 이르는 모든 인간관계의 특징인 분쟁에 관심을 집중한다. 반핵교육은 주로 핵무기와 핵전쟁의 위협에 관한 우려에 초점을 맞추는데, 이들 두 이슈에 관한 사실들은 물론이고 핵 공포 그리고 핵무기 보유국과 냉전에 대한 우려도 탐구한다. '사회적 책임을 위한 교육자 모임'이 개발한 이 분야는 심화·확대되어 지금은 '핵시대교육'이라고 부르는 것을 포함하며, 광범위한 세계적 문제와 갈등을 다룬다.

하지만 전쟁의 원인과 전쟁 방지 가능성에 대한 연구에서 시작된 평화교육은 크게 범위를 넓혀서 이제는 개인 수준과 세계 수준 대부분에서 나타나는 폭력 현상 전반을 중심 관심사로 한다. 세계적인 문제(더 정확히 말해, 환경교육, 개발교육, 덜 알려진 인권교육 등의 기본적인 문제들)의 본질을 고려할 때 (핵시대교육을 제외하고는) 평화교육이 세계의 변혁을 위한 교육에 진정한 포괄적 접근의 출발점으로서 다른 무엇보다 더 큰 잠재력을 가지고 있는 것으로 보인다.

좀 더 포괄적인 접근에 대한 관심은, 1970년대 중반 '세계공동체교육'을 표명하기에 이르렀다(Matriano & Reardon, 1976). 세계공동체교육은 세계 질서 연구에서 제시된 폭넓고 잘 통합된 가치 기반에 입각하고 문화적·개인적 차원을 확대하도록 설계되었다. 그 개발자들은 충분히 학제적이고 인본주의적이며 포괄적인 접근법을 만들어 내려고 시도했으며, 다문화교육의 자료·방법 및 통찰을 세계 질서 연구의 연구 방법과 통합하려고 했다. 극소수 교육자만 이 접근법을 사용했지만, 세계교육과 핵시대교육의 유사한 관점에서 출현한 이 추세는 현재 진행 중이라는 지표들이 있다.

'핵시대교육'은 세계공동체교육과 아주 유사해졌다. 둘은 지속 가능한 세계 건설을 주요 목표로 삼고 있다. 그래서 교육과정 영역에서 가지고 있던 원래의 차이점이 모호해지기 시작하고 있다. 핵시대교육의 주요 지지자인 '사회적 책임을 위한 교육자 모임'의 1986년 전국학술대회는 핵 이슈보다 훨씬 폭넓은 주제를 다루었는데, 아파르트헤이트, 여성 이슈, 생태 이슈, 기타 다양한 세계적 문제에 대한 세션을 개설했다. 목표는 세계적 이슈를 이해하기 위한 교육에 한정되지 않고 세계 문제에 대한 실행 가능한 해결책을 도출하는 것까지 포함하고 있다.

개혁적 접근의 일부 요소들이 핵시대교육에 편입되고 있다는 지표들이 있다. 세계 질서 연구와 다른 개혁적 접근처럼 그것이 추구하는 가치가 명시적이지 않고(즉 다섯 가지 세계 질서 가치 같은 특정한 규범을 강조하지 않는다), 구조적 분석에 초점을 두지도 않으며, 평화교육으로 호명되는 것을 여전히 주저하지만, 이 광범위한 접근법에 규범적이고 변화 지향적인 요소가 있음을 부인할 수 없다. 어쩌면 핵시대의 세계적 책임을 다하기 위해 이 모든 접근법을 포괄적 평화교육으로 통합하는 것을 고려할 때가 온 것 같다.

제**4**장

평화 지식:
내용과 맥락

● 우리가 평화에 대해 거의 또는 전혀 모른다는 생각이 평화교육에 대한 시민의 지지를 넓혀 가는 데 주요한 장애물이었다. 책임 있는 교육자는 지식 기반이 없는 프로그램의 시작을 옹호할 수는 없었다. 그러나 평화의 영역에서 이런 무지에 대한 세간의 통념은 전혀 진실이 아니다. 우리는 핵시대의 세계적 책임을 다하기 위한 포괄적이고 통합적인 평화교육에 필요한 정도 이상으로 광범위한 지식 기반을 갖고 있다.

평화 지식의 원천

    필자는 전쟁의 원인과 평화의 조건에 관한 지식의 일차적 원천이 평화연구라고 말했다. 하지만 학교에서 사용할 교육과정을 기획할 때는 최대한 폭넓은 지식 기반을 추구해야 한다. 평화연구가 당연히 평화에 대한 학문적·학술적 연구의 기반으로 간주되고 교육과정 개발에서 더 중요한 역할을 해야 한다고 생각하지만, 평화 지식에는 똑같이 중요한 두 가지 다른 원천이 더 있다.

    그중 하나가 유엔이다. 유엔은 '전쟁의 재앙'을 방지하려는 목표를 추구하면서 많은 실천 경험을 쌓았고 뛰어난 학문적 연구물을 많이 생산했다. 그러나 이 풍부한 정보와 경험의 원천이 초·중등학교와 대학교의 교육과정에서 거의 주목받지 못했다. 평화를 위한 실제적인 일상 투쟁에서 만들어진 그 지식을 평화교육이 교육과정에 흡수하여 평화를 위한 투쟁에 실천적으로 사용되게 하는 것이 중요하다.

    유엔이 거둔 성공은 대중매체에 의해 널리 알려지지 않았고 평화로운 세계의 가능성과 관련된 논의에서도 거의 고려되지 않았다. 하지만 유엔은 주요한 국제정치 조직이며, 인류 전체의 안녕을 목적으로 설립된 기관이다. 이 기관에서 많은 사람이 긴 세월 힘들게 근무하며 이 목적에 전념해 왔다. 미국의 매체들이 유엔의 외교 행사, 외교와 관련된 사교상의 화려함과 정치적 음모, 행정 및 재정상의 일부 결점에 초점을 맞추더라도, 그리고 소극적 평화를 보장하기 위해 모든 무력 분쟁을 예방하는 데 실패했음을 강조하더라도, 유엔은 적극적 평화를 위한 투쟁에서 전대미문의 놀라운 진전을 이루었다.

세계적인 문제가 무엇인지를 기능적이고 실천적인 용어로 정의한 기관이 바로 유엔이다. 반세기도 안 되는 기간에 문제와 해결 가능성에 관한 지식을 추구하면서 세계에 관한 자료를 그 이전까지 우리가 갖고 있던 모든 것보다 더 많이 축적했다(Childers, 1985). 그것은 고대 알렉산드리아 도서관 이래 가장 중요한 인류 지식의 저장고일 것이다. 그런데 누군가는 시민과 교육자들이 기울인 관심에도 불구하고 그것 역시 불타서 없어졌다고 생각할 것이다.

필자는 유엔이 평화조성을 위한 능력과 기술이 발휘되는 주요 기관이므로 모든 세계교육에서 훨씬 더 중요한 위치에 있어야 하고 평화교육에서도 크게 강조되어야 한다고 믿는다. 세계 수준에서 시민적 책임을 행사하는 주 무대로서 유엔은, 모든 사람의 기본적 인권을 추구하고 보호하는 규범과 기준을 제시한다. 모든 체제와 문화가 평화롭게 서로의 차이를 탐구할 수 있는 토론의 장은 달리 존재하지 않는다. 오직 유엔을 통해서만 모든 국가가 실행 가능하고 정의로운 세계 정책을 만들기 위해 시도할 수 있다(Reardon, 1987).

일반적으로 무시되는, 평화 지식의 또 다른 원천은 인류의 경험 그 자체다. 이것은 역사 교과서에 통상 반영되어 있지 않은 경험이다. 하지만 우리는 문제 해결과 갈등 해결에 관한 방대한 지식을 보유해야만 한다. 왜냐하면 그것이 없으면 인류는 아마도 이 시대까지 살아남지 못했을 테지만 다른 세대의 경험이 우리에게 가르쳐 준 것을 너무 많이 잊어버린 것 같기 때문이다. 이러한 인류의 실천적 지식은 평화교육에 의해, 특히 인류의 다문화적 유산을 강조하는 데서 되살려 낼 수 있다.

이것이 바로 평화교육이 가르치는 역사는, 평화의 조건을 창출하고 또한 전쟁으로 폭발하지 않도록 무수한 분쟁을 해결한 경험을 가르치는 것이어야 한다고 주장한 이유다(Boulding, 1976). 또한 이런 이유로 평화교육에 여성학(Reardon, 1985)과 여성의 사회화 과정(Brock-Utne, 1985)을 포함하는 것이 합당하다. 평화교육자와 연구자들은, 평화의 역사를 교육과정 개발에 필수 요소로 연구하자는 케네스 볼딩Kenneth Boulding의 제안(1986)을 틀림없이 지지할 것이다. 우리는 대다수 세계인의 역사적 경험을 배제시킨 서구적·산업적·남성적 편견이 지금껏 기록되고 가르쳐진 역사를 만들었음을 알아야 한다. 그러한 역사는 평화 지식에 기여하기보다 방해한다.

세계 핵심 교육과정
포괄적 접근

필자는 평화 지식에 관한 이러한 가정들이, 전 유엔 사무차장 로버트 뮐러Robert Muller가 개요를 밝힌 '세계 핵심 교육과정World Core Curriculum'에 반영된 유엔과 인류의 경험으로부터 도출되었음을 찾아냈다. 그의 제안이 너무 광범위해서 평화교육을 정의하고 한계를 설정하는 과제를 복잡하게 만들긴 하지만, 필자가 보기에 특히 시간과 공간의 관점에서 그 과제에 충분할 만큼 포괄적인 유일한 권고다. 진정한 세계적 관점의 개발에 결정적이면서도 잘 알려지지 않은 장애 요인 중 하나는, 대부분의 평화교육이 출발점으로 삼은 비교적 협소한 개념 기반이다. 평화교육은 시간·공간 및 인류의 경험을 최대한 폭넓은 맥락에서 고려하도록 설계되는 것이 중요하다.

뮐러의 교육과정에서 발췌한 다음의 내용에서 다양한 맥락은 물론이고 패턴과 관계성에 대한 강조, 세계시민성과 지구 관리책임에 대한 교육의 필요성 등과 아울러 어떻게 기회를 지적하는지에 주목하기 바란다.

1. 우리가 사는 행성과 우주에서의 위치

이 교육과정의 첫 번째 주요 부분은 지구라는 행성에 대한 엄청난 지식을 다룰 것이다. 요즈음 인류는 우리 행성과 우주에서의 위치를 보여 주는 장엄한 사진을 찍을 수 있게 되었다.

무한히 큰 것에서 무한히 작은 것까지, 모든 것이 오늘날 아주 단순하고 분명한 패턴으로 정돈되어 있다.…

그 틀은 우리의 행성과 우주에 대한 지식을 모든 사람에게, 특히 아이들에게 단순하고 아름다운 방식으로 제시할 수 있게 해 준다. 그들은 우주에서의 정확한 자기 위치에 관해 듣고 싶어 한다. 무한히 큰 것과 무한히 작은 것에 대한 그리스인과 파스칼의 천재적인 견해는 과학에 의해 채워졌으며 오늘날 세계의 협력과 사람들의 일상생활에 필요한 틀을 제공한다. 우리는 이제 아이들에게 지금까지 볼 수 없었던 천지창조의 충만하고 끝없는 풍성함과 아름다움의 숨 막히는 모습을 보여 줄 수 있다. 그것은 그들이 살아 있음을 그리고 인간임을 기쁘게 여기도록 할 것이다.…

…이는 세계의 교사에게 아이들과 사람들이 지구를 개발하고 관리하는 데 참여의식과 책임감을 갖도록, 또 우리의 인간됨을 더욱 고양시키는 장인이라는 의식을 갖도록 가르칠 수 있는 놀라운 기회를 준다. 그리하여 새로운 세계 도덕률과 세계 윤리가 전면적으로 진화해 나올 것이며, 교사들은 책임감 있는 시민, 노동자, 과학자, 유전학자, 물리학자와 기타 전문직 종사자를 양성할 수 있을 것이다. 여기에는 꼭 필요한 새로운 직종이 포함된다. 좋은 세계 경영자와 관리인.

2. 지구촌 가족

인류가 최근에 엄청난 진전을 보인 두 번째 부분이 있다. 우리의 행성과 우주에서의 위치를 인지했을 뿐만 아니라 우리 자신을 자세히 살펴보기까지 했다.

이는 획기적으로 중요한데, 이후로 우주에서의 우리 이야기가 기본적으로 우리 자신과 우리 행성의 이야기로 되었다. 그 이야기를 제대로 펼치기 위해 우리는 두 개의 주된 요소, 즉 지구와 우리 자신을 잘 알아야 했다. 이는 제2차 세계대전 이후에 성취되었다. 지금 지구와 인류에 대해 필요한 모든 것을 실제로 알고 있다.

3. 시간에서의 우리 위치
인류는 우주에서의 정확한 자기 위치를 인지하고 있듯이, 이제 시간 또는 영겁 속에서의 정확한 자기 위치도 바라보지 않으면 안 된다.

…그래서 인류는 시간 차원을 과거와 미래 속으로 엄청나게 확장하지 않을 수 없다. 우리는 과거로부터 물려받은, 우리의 삶과 생존에 필요한 자연 요소를 보존해야 한다(공기, 물, 토양, 에너지, 동물, 식물, 유전자물질 등). 그리고 장엄하게 펼쳐지는 인류의 우주적 여정을 알기 위해 문화유산, 인류의 진화와 역사의 표지물을 보존하길 원한다. 동시에, 우리는 잘 보존되고 더 좋게 관리된 지구를 후세에 넘겨주기 위해 아득한 미래를 생각하고 계획을 세워야 한다.

이것은 세계교육과정에 무엇을 의미하는가? 우리가 상기 층위들에 시간 차원을 더해 각각이 과거·현재·미래를 갖게 해야 함을 의미한다.…

4. 개인 삶의 경이로움과 성취
진화적이면서 비약적인 이 광대한 변화에서, 개인이 모든 인류 활동의 처음과 끝이라는 것이 점점 더 분명해지고 있다. 개인의 삶은 우리 행성에서 보편적 의식의 최고 형태다. 제도, 개념, 공장, 시스템, 국가, 이념 및 이론에는 의식이 없다. 그것들은 모두 더 나은 삶과 개인의 의식 고양을 위한 복무자, 방편, 수단이다.

우리는 오늘날 인종, 성, 지위, 연령, 국적, 신체능력, 지능과 관계없이 개인의 삶이 지닌 완전한 중심성, 존엄성, 경이로움, 신성함을 마주하고 있다.

…막중한 세계적인 과제와 책임은 그래서 이 행성의 모든 교사와 교육자를 [기다린다]. 그것은 다름 아니라 지구의 학교들에서 삶을 준비한 모든 사람에게 지식, 능력 및 성취를 보장하는 한편, 지구의 서식지와 종을 보존하고 잘 관리하는 데 기여하며, 우리 모두가 보편적이고 상호 의존적이며 평화로운 문명으로 한층 더 상승하는 데 기여하는 것이다.…(Muller, n.d.).

분명히 '세계 핵심 교육과정'의 범위와 비전은, 평화교육에 적절한 개념 틀을 구성하려고 할 때 염두에 두어야 할 것이다.

개념 틀

우리는 폭넓고 체계적인 개념 틀, 즉 관련 문제를 모두 이해하기에 충분할 만큼 폭넓으면서도 문제들 사이의 상호 관련성을 밝히고 해법 연구에 필요한 개념적 명료성을 제공하기에 충분할 만큼 체계적인 틀을 찾고 있다. 유엔평화대학이 그와 같은 개념상의 한계를 정하는 틀을 평화교육을 위해 내놓았다.

이 국제 고등교육기관은 "당신이 평화를 원한다면, 평화를 준비하라"는 모토에 표현된 목적을 실행하기 위해 1980년 유엔이 코스타리카에 설립했다. 첫 기획 단계에서 대학협의회(필자는 1983~1986년 재임)와 보직자들이 전 세계에 걸쳐 평화교육의 내용과 실천에 대한 연구를 수행했다.

다양한 주제와 접근법으로부터 교육과정을 개발하는 데 쓸 수 있는 일반적인 개념 틀을 추출했다. 이 개념 틀이 1985년 대학협의회에서 채택되었으며, 평화교육 내용의 개요로서 유용한 역할을 한다. 그것에 제시된 세계적인 문제의 선정은 세계 질서 모델 프로젝트World Order Models

Project(WOMP)의 세계 질서 가치에 근거한 문제 분석을 통해 이루어졌으며, 두 개의 다른 범주가 세계공동체 접근법을 만들어 낸 것과 똑같은 관심사를 일부 반영하고 있다.

비록 대학에 적용하려고 설계하더라도 모든 교육 단계에서 교육과정 개발을 위해 유용한 기초로 사용할 수 있다는 것이, 개념 정의 과정의 유망한 출발점이라고 필자는 믿는다. 이러한 취지를 1984년 국제대학총장연합International Association of University Presidents에 제출한 발표문에서 언급했다(Reardon, 1984).

당시 기획했던 교육과정의 기반인 실질적 학습 영역은 세 개의 개념 영역으로 구분된다. 즉 ① 사회적·경제적·문화적 주제 및 이슈를 다루는 '삶의 질quality of life', ② 세계 질서의 정치·행정·조직 측면을 다루는 '세계 시민 질서planetary civic order', ③ 세계 평화의 주요 장애 요인을 다루는 '세계적 복합 모순global problematique'이다. 여기에 유엔평화대학의 핵심 가치와 지도 목적이 반영되어 있다. 이 대학의 기본적인 목적은 정의롭고 평화로운 세계 질서를 만드는 데 기여하고 모든 지구촌 가족의 삶의 질을 향상시키는 데 기여하는 교육을 제공하는 것이다. 이 두 가지 목적이 교육과정에서 다루는 주제의 개념적 기초다.

'삶의 질'이라는 명제하에 교육과정은 문화적·사회적·경제적 주제 및 이슈와 지구상에서의 삶의 질 향상에 필수적인 것에 대한 이해를 다룰 것이다. 교육과정이 다룰 구체적인 주제 영역들 중 주목할 만한 것은 문화와 언어다. 지구촌 사회에서 삶의 질은 다른 문화에 대한 지성적이고 세심한 이해와 문화를 초월해 소통하는 능력을 필요로 한다. 인간으로서 존재하는 다른 방식과 다른 사회에 대한 무지는 평화의 장애물이다. 지구에 사는 많은 민족의 문화와 생활방식에 대한 지식은 아마 최우선적이고 근본적인 평화 지식일 것이다. 인간의 언어는 지식을 부호화해 전달하는 매체다. 평화조성은 교육이 여러 언어를 잘 구사하는 평화활동가 양성에 성공하느냐에 크게 의존한다.

세계적 복합 모순에서는, 경제 발전과 경제적 공평이라는 두 가지 중대한 이슈가 빈곤 퇴치와 세계의 공평한 발전을 위한 다양한 연구와 학습에 필요한 일반적 범주를 형성한다. 공평한 발전만이 지구의 기본적인 생명 유지 시스템을 지속시키면서 세계 사람들의 필요(욕구)를 적절하게 충족할 수 있다. 평화로운 질서에서 이 필요는 관련되는 사람들에 의해 정의될 것이므로 정책 결정 참여의 문제도 학습해야 한다. 공평성 결여와 참여 부족이 지구에서 발생하는 많은 폭력, 분쟁 및 전쟁의 근원이다.

지구의 생명 유지 시스템은 환경·자원·생태계와 관련된 문제 연구에서 유엔평화대학 교육과정의 중요한 초점일 것이다. 지구에 대한 존중과 관리 책임의식이 교육과정의 기본적인 학습 목표가 된다. 다언어의 다양한 지구촌 가족이 살아가는 지구, 모든 인류 문명 발전의 근원이 되는 지구라는 개념은 인간이 지구를 착취해 온 관계를 포기한다고 선언하는 상호 의존성의 윤리에 영향을 미친다. 그것은 또한 인간의 역할을 지구 생태계의 주인이 아니라 중요한 구성 요소로서 기능하는 것으로 재설정한다.

교육과정의 문화적·경제적·환경적 측면이 유엔평화대학의 기본 목적에서 도출된 것이므로 수업 과목에 가치 이슈, 윤리학, 미학을 포함시킬 필요가 있다. 세계의 여러 문화와 정치체제의 철학적·윤리적 기반에 대한 탐구, 세계의 여러 종교적 전통에 대한 이해, 그리고 여러 문화와 전통이 이룬 미학적 성취에 대한 감수성과 인정 등이 평화 가치를 개발하는 데 필수적이다. 확실히 다양한 가치체계를 이해하는 것은 문화 간 이해와 인류 문제의 본질에 대한 이해의 중심이다.

물론 '정의롭고 평화로운 세계 질서'를 만드는 것은 정치 및 조직의 개념·시스템·구조에 대한 지식만큼이나 상대적이고 상충되는 가치들에 대한 지식과 이해를 필요로 한다. 이 일반적인 명제하에 교육과정은 갈등 해결과 전 영역에 걸친 갈등 해결 능력을 포함해, 갈등의 다양한 차원 같은 주제를 다루려고 한다. 또한 의사 소통 및 정보 관리 기법을 인간과 기술 양면에서 다룰 것이다. 물론 주요 정치적 이슈와 세계 질서의 문제점들도 다룰 것이다. 인권의 문제점과 침해, 국가 안보와 국제 안보, 평화유지, 또한 가장 구체적으로는 군비경쟁을 통제하고 없애는 수단과 군비 축소 등이 이 측면의 교육과정에서 중심이 될 것이다. 이 영역의 교육과정은 세계시민성을 위한 의도적이고 명시적인 교육이 있어야 한다는 가정을 반영한다. 따라서 세계시민교육global civic education이 교육과정의 중심 주제가 될 것이다. 대부분의 평화교육과 세계교육에 스며들어 있는 세계시민성의 일반적인 개념은 세계시민의 책임에 요구되는 특정한 능력과 지식으로 세분화되어야 할 것이다.

유엔평화대학은 세계의 급속한 변화와 발전에 대응할 수 있고, 또 세계체제와 이를 만들어 낸 사고방식 안에 놓여 있는 근본적인 측면과 특정 전쟁 및 무력 분쟁을 일으키는 직접적인 측면에서 분쟁의 무수한 원인에 대응할 수 있는 교육과정 개발을 추구한다. 또한 문제를 보는 이념적·정치적·지리적·문화적 틀에 따라 이 분쟁을 여러 당사자가 아주 다르게 볼 것이며 관찰자 역시 다르게 볼 것이라는 사실에 민감해야 한다. 따라서 유엔평화대학 교육과정의 일반 원칙은 학제적·다문화적·다이념적 기반에서 도출된 것이어야 한다. 유엔평화대학은 세계적 책임을 다하기 위한 진정한 세계교육과정을 추구해야 할 것이다.

유엔평화대학 교육과정 개요의 구체화

주니아타 프로세스

유엔평화대학의 이러한 노력은 초국가적 프로세스의 첫 단계라고 할 수 있다. 이러한 유엔평화대학의 활동이 미국에서 최초로 진지하게 다루어진 것은 1986년 6월, 펜실베이니아 헌팅턴 소재 주니아타 칼리지Juniata College의 평화학 프로그램이 '교육사역자연합'의 평화조성 교육 프로그램, 컬럼비아 대학교 교육대학의 평화교육 프로그램과 함께 조직한 협의회에 서였다.

주니아타 프로세스는 평화학에 필요하고 가용한 자산, 평화학이 교육하려는 목적을 포함한 직업, 평화학의 명제 또는 개념적 기반 등을 포함하고 있다. 비록 대학에서의 평화연구라는 맥락에 맞춰지긴 했지만, 협회의 보고서에는 유엔평화대학의 교육과정 개요와 비슷하게 포괄적인 평화교육 프로그램에 유용한 지침이 담겨 있다. 이 보고서의 의도는, 평화학의 실체와 목적에 대한 더 깊고 넓은 논의를 권장하는 것이다. 주니아타 보고서에서 발췌한 다음 글은, 경험 있는 평화교육자들 중 한 그룹이 평화학의 개념 틀에 대한 발표문 시안으로 제시한 것이다.

중심 명제 (대부분의 평화학 프로그램 및 교육과정의 기저에 있는 주요 가정).

전쟁과 억압이 불가피하다는 일반의 전통적인 믿음은, 이제 인류 사회의 변혁을 위한 평화연구와 대중운동에서 생긴 자료와 통찰에 의해 의문시되고 있다. 평화학은 주로 전통적인 믿음에 대한 검토 그리고 평화연구 및 관련 사회운동에서 얻은 자료와 통찰에 대한 연구와 비평으로 구성되어 있다. 이 분야의 주요 교육 목적은 전통적인 믿음에 이의를 제기하고 전쟁과 억압에 대한 가능한 대안을 탐구하는 것이다.

　연구의 한 분야로서, 평화학은 모든 프로그램과 교육과정에 반드시 필요한 근본적인 핵심, 연구 접근법에 따라 달라지는 범위 및 특징, 채택한 방법론과 이론들, 추구하는 능력 및 학습 목표 등에 관해 검토되었다.

　I. 근본적인 핵심(평화학의 본질적인 실체)

　　A. 일반적인 연구의 중심 질문

　　　1. 평화의 본질은 무엇인가?

　　　2. 평화를 가능하게 만드는 조건은 무엇인가?

　　　3. 이 조건들은 어떻게 성취하는가?

　　B. 연구의 최소 영역

　　　1. 모든 수준의 사회집단들 간에 일어나는 조직화된 치명적 폭력(전쟁)

　　　2. 구조적 폭력(체계적인 차별, 박탈, 억압)

　　C. 기본적 가치

　　　1. 범세계적인 인류의 관점

　　　2. 평화와 정의 성취의 필요성

　　　3. 평화와 정의 성취의 가능성 인식

(중략)

IV. 평화학이 추구하는 학습 목표

A. 대부분 평화학 프로그램에 명시된 가치와 규범적 목표. 이 가운데 가
장 명쾌하고 빈번하게 인용되는 것은 다음과 같다.

1. 다섯 가지의 '세계 질서 가치': 평화, 사회정의, 경제적 공평성, 생태
균형, 정치 참여

2. 주니아타 보고서의 '직업' 절에 제시된 개별적이고 개인적인 자질과
역량

B. 평화학에서 가장 강조되는 학습 목표는 능력이다

1. 사회과학 능력은 가장 널리 사용되고 국제적으로 추구되는 기술 중
하나다. 즉 서술, 비교, 분석

2. 세계 질서 학습 목표도 자주 언급된다. 즉, 대안 창출 및 확인, 정책
과 이론 평가, 방안·정책 및 전략 수립, 행동과 옹호

3. 일부 프로그램은 세계 수준에서의 평화조성 역량을 인용하기도 한
다. 즉 문화 간 이해, 의사소통 능력, 분쟁 인식 및 해결 능력(Juniata
consultation on the future of peace studies, 1986)

지금까지 살펴본 세 가지 교육 내용의 제안—세계 핵심 교육과정, 유
엔평화대학 교육과정, 주니아타 보고서—은 모두, 필자가 포괄적 평화교육
에 필수적이라고 보는 개념 틀을 제공한다. 세 가지 제안은 모두 변혁적 접
근법을 만들어 내기 위한, 그리고 무엇이 평화교육의 기준 척도인지에 관
한 논의에 적절한 기반을 마련하기 위한 시도를 보여 준다. 이러한 개요들
은 평화연구에 국한시킨다면 적절할 수도 있지만, 우리가 평화'교육'을 다
룬다면 훨씬 더 많은 것을 고려해야 한다. 이는 평화교육이 외면적인 구조

개혁보다는 학습과 내면적인 변화 과정을 강조하기 때문이다. 평화교육은 사회의 구조만큼이나 의식의 구조에도 관심을 가져야 하며, 인간 욕구 충족의 한계만큼이나 인간 사고의 한계에도 관심을 가져야 한다. 따라서 평화교육은 내용 못지않게 맥락에도 관심을 두어야 한다.

패러다임 전환의 개념

변혁적 맥락

많은 평화교육이 실천과 결과에서 세계 변혁을 위한 매개체이기를 추구하는데, 그 변혁은 사회 조직에서의 최대한 폭넓은 변화와 개인의 관점과 행동에서의 최대한 깊은 변화를 의미한다. 밀러의 '세계 핵심 교육과정'과 주니아타 보고서에 윤곽이 제시된 포괄적인 유형의 학습 프로그램이 없다면, 평화교육의 학습 목적과 사회적 목적을 아우르는 패러다임 전환은 가능하지 않을 것이다. 그것은 과거를 깊이 연구하고 먼 미래로의 진화를 내다보는 역사적 관점을 필요로 한다.

사실, 가장 포괄적인 의미의 평화를 위한 투쟁은 우리가 상상할 수 있는 미래 세대에서도 인류의 의제 목록에 올라 있을 것이다. 평화를 위한 교육은 많은 시간과 노력을 들여야 하는 교육이며 끊임없는 투쟁을 위한 교육이다. 일반적으로 교육자들은 많은 시간과 노력이 드는 일을 다루는 사람들이고, 교육은 확실히 어느 정도 시간이 지나야 그 결과를 알 수 있는 일이다. 필자는 끊임없는 투쟁을 교사의 관점에서, 프로그램 개발자의 관점에서, 평화교육자의 관점에서 생각한다.

여러 해 동안 필자는 일선 교사, 즉 실천가의 관점을 취했었다. 이 관점에서 보면, 많은 시간과 노력이 드는 것은 학생들의 미래였고 교육의 목적은 학생들을 미래를 위해 준비시키는 것이었다. 이런 맥락에서 목적 달성에는 점진주의 관점이 요구되었다. 세계질서연구소와 함께 프로그램을 개발하면서 여러 질문에 관해 성찰하고 발표하고 저술하는 기회를 갖게 되었고, 필자의 관점은 이론가의 관점이 되었다. 이런 관점에서 끊임없는 투쟁은 장기적이고 미래 지향적이며 전 세계를 대상으로 하는 수업 형태를 만들어 낼 가능성을 강조한다. 목표 달성을 위해서는 시스템 관점이 요구된다.

평화와 정의의 문제에 수반된 심층 이슈들을 알게 되면서, 필자의 관점은 평화교육자의 관점이 되었다. 그때 가장 중요한 이슈는, 이런 형태의 수업이 평화를 성취하는 데 어떻게 도움이 될 수 있을까였다. 이 질문은 특정 지식을 전해 주는 '강의하기instructing'에서 교육자가 학생들로부터 끌어내는 학습과 그 과정에서 교육자 자신도 경험하는 학습을 모두 포함하는 '교육하기educating'로 강조점을 이동시켰다. 필자가 다른 지면에서 아주 자세히 기술했듯이(Reardon, 1989), 기나긴 투쟁의 본질은 그 자체로 개별 학습자, 사회, 전 인류가 관련되는 학습과정이라는 것을 알게 되었다. 이는 결국 평화를 만드는 학습과정을 구상하는 새로운 방식을 인식하도록 필자를 이끌었다. 이 방식은 필자가 강학edu-learner이라고 일컫는 사람의 관점에 근거한다. 강학은 다른 사람이 배우도록 도와주면서 자신도 배우는 것을 주된 활동으로 삼는 실천가/이론가다. 필자는 지금 이 관점을 발전시키는 데 힘쓰고 있다.

사실, 모든 유능하고 책임 있는 교사들은 아마 강학이 되려고 분투하고 있을 것이다. 유치원에서든 대학원에서든 학습을 촉진하려고 시도하면서 교육 이론을 적용하고 조정하며 발전시키는, 과정 중심의 실천가들은 아마도 모두 이런 비전을 갖고 있을 것이다. 교학상장edu-learning은 과정 중심의 수업 및 학습이다. 그것은 합목적적이고 가치 지향적이다. 이런 의미에서 교육이란 과정—개인적인 과정, 대인관계 과정, 사회적·구조적·정치적 과정, 그리소 가장 중요한 계속적인 학습과정—에 참여하기 위한 준비다. 교육의 주된 기능은 하기doing, 역할하기acting, 되기becoming에서 사람들을 돕는 것이며, 이 모든 것에 변혁적 차원이 있다. 교학상장 과정의 가장 근본적인 측면은 학습자로서의 교사 역할 그리고 평생 경험 과정을 학습으로 보는 관점이다. 이 경험 과정은 유기적이고 순환적인 방식, 즉 내면의 경험과 외부 현실 간의 관계를 의식하는 방식의 새로운 학습에 반영되고 통합되어 있다.

다른 사람들과 마찬가지로 필자는, 사람들이 평화활동가가 되고 평화의 성취와 유지에 기여하기 위해 무엇을 알아야 하는지를 파악하려고 노력하면서 교육의 다른 형태에서처럼 평화교육에 많은 시간을 투입했다. 우리가 교육하려고 노력하는 분야—사회든 과학이든 예술이든—의 실제 상황은 너무 복잡하고 빠르게 변해서 우리의 구체적인 교육 목표를 끊임없이 재정의해야만 한다. 한 분야를 재정의 또는 갱신하는 과정은 그 어떤 시도들 못지않게 평화교육에 중요하다. 문제 많은 세계 현실의 복잡성과 현실을 변혁하려는 투쟁의 어려움은, 변혁적이길 열망하는 교육—적어도 평화교육—에서 목표보다는 그 과정이 최고의 방식과 유형임을 깨닫게 해준다. 따라서 변혁적인 맥락은 끝없이 팽창하는 복잡성과 항상적 변화를 의식하면서 과정학습process learning을 추구한다.

세 가지의 학습 과정이 변혁을 위한 분투에 특히 도움이 될 것으로 보인다(이 책의 다른 절에서 논의된 다른 것도 있지만, 이 세 가지가 특히 잠재력이 풍부하다). 추측speculation, 평가evaluation, 통합integration이다. 이것들은 내면적 학습 경험을 외부의 현실 또는 학습 기회에 연결시키는 철저히 성찰적인 접근법에 모두 필수적이다. '추측'은 우리가 새로운 현실의 가능성과 변혁된 세계의 이미지를 의식할 수 있게 하는 능력이다. '평가'는 이런저런 가능성 그리고 우리 자신의 추측으로부터 생긴 대안과 다른 사람의 대안들을 검토하고 평가하는 능력이다. 그중 일부는 어쩌면 세계 질서 모델의 형태로 검토하고 평가한다. '통합'은, 우리가 계속 추측하고 평가하는 것에 대한 우리의 의식과 그것이 세계의 사회적 현실에 영향을 미치는 방식의 관련성을 알게 될 때, 이러한 평가들의 결론을 인지 체계의 일부로 그리고 표준 학습 장치의 일부로 만드는 것이다. 이러한 작업을 개별적으로 하면서 우리는 과정학습과 자기 변화에 참여하고 있는 것이다. 우리가 그것을 공유하기 시작할 때, 우리의 추측과 평가를 명확히 표현할 때, 학습 과정은 사회적·정치적으로 유의미하게 된다.

따라서 대화dialogue와 집담conversation은 학습을 공유하고 성과를 테스트하며, 개인의 개별적 변화를 사회적·정치적 변화로 이어지게 하는 중요한 방식이다. 대화는 평화교육의 정치적 영역에서, 특히 경제구조와 관련해 중요하다(Freire, 1973). 그렇지만 필자가 보기에 대화는 집담보다 훨씬 덜 변혁적이다. 대화는 두 명의 당사자를 의미하며 흔히 질문자와 피질문자, 교사와 학습자로 나뉜다. 소크라테스식 문답법을 좋아하지만, 지금 필자에게는 (많은 필자의 학생들에게도) 너무 교사 중심적이라고 보인다. 반면에, 집담은 질문과 통찰을 공유하고 공통의 가치를 위해 추구해야만 하는 변화에 필요한 지식 창출을 서로 책임지는 탐구자 공동체를 함축한다. 집담 기술art of conversation을 학습 방식으로 완성하는 것은 강학이 되려고 애쓰는 교사에게 큰 도전이다. 집담 방식은 교육기관 내 사회관계와 인간관계에서의 변화와 더불어 발전되어야 한다.

예를 들어, 우리는 의사소통 방식—즉 집담에 사용되는 언어와 맥락—을 변화시킬 필요가 있다. 우리가 현재 사용하는 언어는 주로 이원론적이고 환원론적인 패러다임에 의해 좌우된다. 이 패러다임은 대부분의 중대한 이슈를 두 개의 반대편으로 환원시키는 전쟁 시스템과 경쟁적이고 대립적인 사회 중심부를 기반으로 한다. 다시 말해서, 집담이 이루어지는 구조는 우리가 극복하려고 노력하는 바로 그 패러다임에 의해 좌우된다.

교육적 측면에서 현재의 패러다임은 구체적이고 실질적인 지식, 특정한 능력, 다양한 형태의 기술적 숙달에 초점을 맞추고 있다. 교육의 인본주의적 차원, 사회교육에 투영된 가치, 평화교육에서 강조하는 인도적 태도 등조차 지배적인 패러다임을 강화·유지하는 기술적 숙달에 대한 과도한 강조를 바로잡는 데 충분하지 않다. 나중에 자세히 설명하겠지만, 평화교육이 능력skill 개발에서 역량capacity 개발로, 교육적 성취의 주요 평가 기준이 '양量'이 아닌 '질質'의 향상으로 바뀌어야 한다.

의사소통, 특히 집담은 학습 방식으로 또한 평화조성 과정에서 개발해야 할 역량이다. 우리는 적합한 개념, 정보, 그리고 더 중요한 가치와 비전을 교환할 역량을 갖고 있다. 하지만 이러한 방식을 현대 교육의 지배적인 방식이 저해하고 있다(Sloan, 1984). 지배적인 패러다임의 가치를 반영하는 현대 교육의 구조와 실천은, 인간의 기본적인 평화조성 역량을 개발하는 데 심각한 장애 요인이다.

역량은 우리 안의 싹과 같다. 그것은 타자에 대한 경험과 사회적·개인적 상호작용을 통해 꽃을 피운다. 과정학습을 통해 우리는 패러다임을 변화시키고 창조하는 데 관련된 우리의 인간적 역량, 특히 본질적으로 변혁적이고 창의적인 통찰력과 상상력을 심화·확대할 수 있다(Sloan, 1984). 통찰과 상상에 특히 중요한 창의적 역량은 비전구상envisioning, 이미지화imaging, 은유하기making metaphor다.

모든 패러다임은 그 최고 가치를 구현하는 비전으로부터 나오거나 적어도 영향을 받는다. 이런 비전들은 종교적 예언자, 정치적 선각자, 철학자, 시인, 다방면의 예술가와 학자들에 의해 명확히 표현되었다. 위대한 종교나 중요한 역사적 운동과 이념은, 가치를 실현하는 구조와 과정에 대한 마음속의 이미지나 모습은 물론 그러한 가치를 구현하는 비전에 기반을 두어 왔다. 이런 이미지들이 우리의 사회규범과 정치경제적 시스템을 결정한다.

은유는 아마 인간의 경험에 관해 사유하는 가장 의미 있는 방식일 것이다. 우리가 비전구상과 이미지화 역량을 의도적으로 개발하기 시작해야 하는 것처럼, 새로운 은유를 만드는 역량도 개발할 필요가 있다. 변혁을 추구한다면, 우리 자신이 예언자가 되는 것을 배우기 시작해야 할 것이다. 우리가 추구하는 최고 가치와 관련된 새로운 사회구조를 이미지화하려면, 우리 자신이 그 실제를 설계할 수 있어야 한다. 그리고 우리의 비전과 이미지를 다른 사람들에게 전달해야 한다. 이런 이유로 성찰적이고 창의적인 집단 역량의 개발은 패러다임 변화에 중심이 되고 평화교육에도 중심이 된다. 우리가 새로운 은유를 창조할 수 있는 것은 오직 그와 같은 집단을 통해서다.

아마 평화교육은 인간의 경험과 투쟁에 담긴 의미를 발견할 수 있게 해 주는 새로운 은유를 평화로운 사회의 이미지보다 더 많이 필요로 할 것이다. 사회가 현 패러다임의 가치와 이미지를 규정하는 매개체인 전쟁 시스템을 극복하려 한다면, 새로운 은유가 긴급히 필요하다. 전쟁 시스템은 조직화된 전쟁과 무력 분쟁만이 아니다. 그것은 본질적으로 폭력적이며, 관계를 파괴하고 사회의 발전과 인간의 성취를 저해하는 관행, 제도 및 상호관계 일체를 말한다. 그것은 우리의 사유와 관계의 핵심에 놓여 있다(Reardon, 1985).

하지만 이 전쟁 시스템의 한가운데에 평화 시스템도 있다. 전쟁과 폭력을 위한 역량이 우리 안에, 우리의 사고방식 안에 있듯이 평화를 위한 역량도 그러하다. 어쩌면 평화는 성취되는 것이라기보다는 인간의 모든 역량처럼 발견되고 육성되고 발전하는 것이다. 우리가 이렇게 하려면, 우리는 그것이 우리 안에 있음을 믿고 그것이 인간의 경험—아마도 아득한 옛 시대와 머나먼 장소—에 존재한다는 것을 알아야 한다. 우리는 평화가 가능하다고 믿어야 한다.

평화 시스템이 안고 있는 문제는, 사람들이 거의 주목하지 않는다는 것이다. 우리 대부분은 그것에 초점을 두지 않았다. 사실은 억눌렀다. 우리는 여성, 여성의 역할, 우리 모두 안의 여성다움에 가했던 일을 평화 시스템에도 아주 많이 가했다. 우리는 무시했으며 흥미를 끌 때면 억눌렀다. 전 세계에서 작용하는 서구의 산업 패러다임은 평화도 여성의 특질도 가치 있게 여기지 않았다. 그래서 전쟁 시스템이 인간의 마음에 강력한 영향을 미치고 있다. '전쟁 사유하기'라고 할 수 있는 우리의 사유방식에는 일정한 특징이 있는데, 이 특징은 변혁적 맥락에서 과정학습을 통해 '평화 사유하기'라는 대안 패러다임으로 변화될 수 있다.

전쟁 시스템 사유하기는 이원론적이다. 그 대안은 통일성과 다양성 모두에 관해 생각할 수 있게 도와줄 것이다. 전쟁 시스템 사유하기는 적대적이고 대립적이다. 그 대안은 호혜성과 협상된 합의에 관해 생각하도록 이끌어 줄 것이다. 전쟁 시스템은 목적과 목표에 관해 생각하게 한다. 그 대안은 수단과 과정에 관해 생각하도록 도와줄 것이다. 지배적인 패러다임 은 분석을 강조하며 사물을 이해하기 위해 여러 부분으로 분리한다. 대안 패러다임은 종합을 강조하며 사물을 긍정적인 관계로 한데 모을 것이다. 현재의 패러다임은 환원주의적이고, 구체적인 부분을 보며, 지식과 경험을 전문화하는 경향이 있다. 대안 패러다임은 통·전론을 선호하며, 전체의 맥락에서 보지 않으면 부분을 이해할 수 없다고 주장할 것이다. 이러한 통·전론은 '유기적 평화' 또는 평화 시스템에 관해 생각하는 데 필요하다. 페미니스트들에 의하면, 그것은 현재의 패러다임을 특징짓는 가부장제의 대립적·이원론적인 사유방식과는 철저하게 다른 앎의 방식way of knowing이다.

하지만 지금까지 열거한 주로 인지적인 특징들은 결코 현 패러다임의 정동적인 특징만큼 중요하지 않다. 전쟁, 지배 및 폭력에 뿌리를 둔 그것은 기뻐하는 역량보다는 오히려 슬퍼하는 역량을 낳는다. 우리는 전쟁과 약탈로 인한 상실뿐만 아니라 우리가 보통 전쟁과 폭력의 원인으로 간주하는 자신의 잘못, 자신의 실수를 슬퍼하는 데 너무 많은 시간을 보내느라 자신이 갖고 있는 것, 지금의 자신, 될 수 있는 것 등 신나는 일들과 우리의 성취를 기뻐하는 데 충분한 시간을 갖지 못한다. 우리는 창조하고 기뻐하는 역량에 초점을 맞추어야 한다. 평화교육은 지배적인 패러다임을 파괴할 필요가 없다. 평화를 인식하고 육성하는 우리의 역량에 집중하는 동안에 그것을 잠시 무시하는 것만으로도 충분하다.

한 가지 방법은 삶을 더 많이 강조하는 것이다. 현 패러다임은 삶과 죽음의 균형을 깨트리고 있다. 인간은 '우리'가 죽지 않으려고 다른 사람들의 죽음을 계획하고 유발하는 데 주저하지 않을 정도로 죽음—즉 자신의 죽음—을 미루고 막는 데 (특히 미국 사회에서) 너무 많은 에너지를 쏟고 지혜를 사용한다. 서구 문화에는 죽음을 부정하는 이야기가 많다. 하지만 실상은 정반대일 것이다. 삶에 대한 부정과 죽음에 사로잡혀 있다. 우리는 삶의 모든 가능성에 우리 자신을 열어 두거나 충분히 탐구하지 않았으며, 이것이 우리가 평화 패러다임을 지각하지 못하는 이유일 것이다. 제레미 리프킨Jeremy Rifkin이 『한 이단자의 선언Declaration of a Heretic』(1985)에서 이런 현상을 다루었는데, 우리가 전적으로 안보 필요성에 초점을 맞춤으로써 그것이 인간의 경험세계에서 파괴적으로 우세하게 되었다고 주장한다.

사실, 현재의 패러다임은 바로 그 안보/방위를 지향한다. 평화연구 초창기에 소극적 평화가 우위에 있었던 것처럼, 대부분의 평화학이 적어도 대학 수준에서는 이런 지향을 반영한다. 평화교육은 인간의 성취와 사회의 발전에 초점을 두는 대안 패러다임을 제시해야 한다. 적들의 죽음을 준비함으로써 자신의 죽음을 방지하려고 노력하는 데 시간과 재물을 지나치게 많이 쓰는 대신, 삶을 유지하고 육성하는 데 그리고 적대적인 관계를 상호 보완적이고 협력적인 관계로 바꾸는 데 더 많은 시간과 노력을 기울여야 한다.

지금 우리가 인간의 욕구가 아니라 안보—욕구 충족이라는 넓은 의미의 안보가 아니라 보호 또는 방위라는 의미의 안보—에 관심을 두고 있음은 국가

예산의 우선순위를 살펴보기만 해도 알 수 있다. 국가의 우선순위 역시 우리의 사유방식에서 생겨나며, 우리가 말하고 쓰는 방식에 심지어 평화와 페미니즘의 문헌과 담론에도 분명하게 반영되어 있다. 우리의 언어는 전쟁과 폭력적 투쟁의 용어로 가득하다. '평화를 위한 싸움', '협상가를 위한 실탄', '표적 집단' 등과 같은 말을 떠올려 보라. 현재의 평화교육이 성차별적·인종차별적 언어에 민감하듯이, 변혁적 평화교육은 군사적 용어에 민감해야 한다. 변혁은 사유방식은 물론이고, 그 수단인 언어도 바꿀 것을 요구한다.

무엇보다도 주요한 은유를 바꿔야 한다. 가부장제에서 유래된 인간의 투쟁, 성취, 우월함―전쟁―을 위한 지배적인 은유가 온전히 인간적이고 양성평등적인 패러다임에서 나온 노동과 출산, 인간 발달과 성숙의 은유로 바뀌는 것이 당연한 일이다. 수정, 임신, 진통, 출산, 수유, 육아 등의 개념에서 시작하는 출생 및 생애주기처럼, 과정 지향적인 것을 비롯한 모두를 아우르는 것에 관해 생각하기 시작하면 우리는 인간의 경험과 직면한 도전을 완전히 다른 방식으로 생각하고 말할 수 있게 될 것이다.

이 대안적 은유는 포괄적이고 포용적이다. 그것은 전쟁 은유가 여성을 배제하듯 남성을 배제하지 않는다. 그것은 모든 문화, 이념, 발전 단계에 동등하게 관련된다. 또한 세계의 기술적으로 우세한 지역으로 치우쳐 있지도 않다. 더 나아가 그러한 은유는 과정 자체를 대안적인 목적이나 목표로 생각할 수 있게 해 줄 수 있다. 우리는 목표를 달성하고 승리를 쟁취하는 데 그렇게 사로잡혀 있지 않을 것이다. 우리는 살아 있는 존재들의 장기적인 건강과 안녕에 관해 생각하고 있을 것이다.

이런 은유가 제공하는 무수한 변화 가능성 중에, 시간의 제약 속에서 목표를 지향하는 사유로부터 벗어나 순환적이고 과정 지향적인 사유를 할 수 있게 도와주는 많은 것이 있다. '타자'—낯선 사람, 문화적으로나 이념적으로 다른 사람—를 접해서 갈등을 일으키고 두려움과 적대감을 내보이는 대신에, 타자로부터 우리를 지키려 하지 않고 상호 보완성과 호혜성을 탐색하며 공통성을 찾을 수 있다. 강조점이 배제에서 포용으로, 경쟁에서 협력으로, 타자를 억압하는 데서 타자의 존재와 성취를 인정하는 것으로, 우리 안의 '타자'까지도 허용하는 데로 바뀔 것이다. 상대에게 '대항해 싸우는' 대신에, 여성이 새 생명을 낳으려고 태아와 함께 산고를 치르듯 우리는 새로운 관계를 탄생시키기 위해 그들과 '함께 투쟁하는' 쪽으로 생각을 바꿀 수도 있다.

우리는 국제사회를 조직한 방식의 가장 중요한 개념인 주권 국가들의 위계적 질서에서 참여적 상호 의존성과 가족적 연대의식에 기초한 개념으로 나아갈 수도 있다. 두 은유 모두가 위험을 수반한다. 전쟁 은유에서는, 정복과 영광을 위해 투쟁하므로 훼손·파괴 및 죽음의 위험을 무릅쓴다. 하지만 오늘날조차 특히 세계의 빈곤 지역에 사는 많은 여성은 새 생명 출산에서도 죽음의 위험과 마주한다. 그러나 그 위험은 삶의 위험이며, 죽음을 막겠다는 헤어나기 힘든 집착을 초월해서 우리의 투쟁을 삶의 향상과 삶이 주는 가능성 실현으로 바꾸라고 요구하는 위험이다.

평화교육은 개인의 성숙과 더불어 인류 시대의 도래를 향해 나아가야 한다. 개인, 국가, 그리고 국제 시스템이 평화조성 역량을 개발하는 가운데 폭력을 사라지게 하는 것이 그러한 발전의 주된 지표일 것이다. 이러한 시대의 도래가 진정한 변혁이고 실제적인 패러다임의 전환이다. 평화교육은, 유기적 또는 적극적 평화의 궁극적 목표인 생명을 긍정하고 인간의 잠재 능력 실현과 개인의 성숙을 지향하는 새로운 사유방식을 모색하는 의식적인 투쟁으로 자리매김해야 한다.

제**5**장

평화 교수법의

근본 목적

● 대부분의 교육 분야와 마찬가지로 평화교육은 수월성을 열망한다. 옥스퍼드 영어 사전에 나와 있듯이, 수월성이 "…좋은 자질을 뛰어난 또는 특이한 정도로 보유한 것"이라면, 필요한 좋은 자질은 현재의 '긍정적 인간의 잠재 능력' 개념에 아주 가까울 것이라는 데 동의한다. 진정한 수월성을 위해 인간의 잠재 능력을 실현하려는 노력은, 변혁적인 접근에 기본이 되는 평화 패러다임을 생동하게 하는 주요한 힘일 것이다. 그런데 현대 교육은 경쟁을 위한 준비 및 역량 측면의 수월성에 골몰하면서 질적 요소에는 거의 관심을 두지 않는 듯하다. 이처럼 양적 요소와 측정에 지나치게 사로잡혀 있는 교육은 (경쟁적 방식이 그러하듯) 변혁의 수단이기보다는 장애가 된다.

교육은 학습 능력 개발에 전념하고, 긍정적 인간의 잠재 능력으로 이해되는 역량을 심화·확대하는 데 관심을 가져야 한다. 적극적 평화와 인간의 긍정적 잠재 능력은 불가분하게 연결되어 있는데, 둘 다 발달적이고 유기적이다. 많은 평화교육자와 활동가는, 평화조성이란 모든 사람이 자신의 좋은 자질을 발달시킬 수 있는 조건과 온전한 인간이 되는 역량의 씨앗을 심고 거름 주고 키워 내는 것이라고 정의할 것이다. 오늘날 교육은 실제로 그 가능성을 살리지 못하고 있다. 돌이켜 보니, 필자의 경험과 활동도 근본적인 목적보다 도구적인 목적에 더 많이 집중해 왔던 것 같다. 이 책의 기초가 된 학위논문을 포함해 필자의 많은 연구도 초기 연구(Reardon, 1981, 1982)에서 도출한 개별 학습 목표 달성을 위한 교육과정의 개념화 및 설계를 강조했는데, 이제와 보니 아주 제한적이다.

우리 대부분은, 정보와 해석을 교사와 학생이 서로 교환하기보다는 교사가 학생에게 전달하는 교육적 과정에 종사해 오고 있다. 우리는 과도하게 '목표' 달성 측면에서 과제를 설정한다. 여기에는 매우 악의적인 '행동 목표'뿐만 아니라 우리의 교육과정 개발을 견인하는 협의의 학습 목표들이 모두 포함된다. 우리는 직업적 성공을 측정할 때 업적을 정량화하여 평가한다. 포괄적인 평화교육 프로그램에서 행동 목표까지 포함해 구체적인 목표의 역할이 있듯이 정량화의 역할도 확실히 있다.

하지만 우리는 이런 측면을 너무 많이 강조하면서 광범위한 인간 역량을 개발할 수 있는 가능성을 억제해 왔다. 예를 들어, 우리는 아주 중요한 능력인 분석 능력 개발을 엄청나게 강조한다. 그러나 그것이 우리의 수업과 학습에서 지배적인 방식이 된다면, 오직 분석에 의해서 지식을 작고 고립된 요소들로 환원시키는 경향이 생긴다. 그것은 우리의 학습과 사유, 더 나아가 우리 삶을 파편화시킨다. 더 큰 가치 틀이 없다면 목표goal와 세부목표objective도 동일하게 작용한다.

'목표'는 우리가 달성하려고 추구하는 '원하는 상태'다. '세부 목표'는 그 추구 과정에서의 중간 지점이고 부분적인 성취다. 목표든 세부 목표든 충분히 폭넓지 않을 뿐만 아니라 평화교육에서 아주 중요한 복잡성과 과정 측면을 망라하지 못하는 듯해서, 필자는 평화교육이 의도하는 최종 상태를 나타내는 용어로 목적purpose을 사용한다. 목적은 가치 또는 선善을 지속적으로 추구하는 것을 함축한다. 목적 개념은 더 큰 가치 틀을 제공하고 우리가 도구적 사유를 덜 하도록 밀어붙인다.

평화교육자들은 유네스코 헌장의 서문을 재검토하는 것이 좋을 것이다. 유네스코는 "전쟁은 인간men의 마음에서 생기는 것이므로 평화의 토대를 세워야 할 곳은 바로 인간의 마음이다"라고 언명한다. 단어 선택에 대해 페미니스트적 논평을 하고픈 유혹은 제쳐두고라도, 전쟁은 남성의 마음—사실은, 모든 인간의 마음—에서 생긴다는 점 그리고 평화의 토대를 세워야 할 곳은 우리 모두의 마음이라는 점에 필자는 동의한다. 우리가 평화활동가가 되려면 평화를 사유하는 법을 배워야 한다. 아인슈타인이 간곡히 권한 대로, 우리는 사유방식의 변화를 추구해야 한다.

우리가 사유방식 변화의 필요성을 진지하게 받아들인다면, 자질과 역량을 교육에서 다시 추구하는 것을 생각해야 할 것이다. 더글러스 슬론Douglas Sloan이 《교사 대학 기록 Teachers College Record》의 평화교육 특집호 권두언에서 말했듯이, "우리의 사유방식 변화는 최소한 방법과 실체 면에서 사유방식 자체를 인식하고 '질적 요소의 실재'에 맞추어 초점을 바꾸는 것이리라.…삶과 문화의 질적 향상이 그에 대한 양적 조작과 통제보다 더 중요해질 것이다"(Sloan, 1982, p.11). 그는 질적 요소의 추구를 교육의 중심에 두어야 한다고 주장한다. 필자는 도덕적 이유는 물론 실제적 이유에서 우리의 평화조성 역량 개발도 교육의 중심에 두어야 한다고 덧붙인다.

세상의 복잡성과 역동성을 고려할 때 조작과 통제를 위한, 즉 주로 정량화되는 능력의 개발을 위한 교육을 계속하면 전쟁과 폭력의 문제를 악화시키기만 할 것이다. 조작과 통제에 대한 강조는 폭력을 증가시키는 경향이 있으며 정량화도 그럴 것이다. 케네스 볼딩은 "계산은 모든 항목이 똑같다고 가정하기에, 우리가 수량을 셀 때마다 실재에 폭력을 가하고 있는 것이다"(Boulding, 1985)라고 말했다.

전체성, 통합성, 복잡성 및
변화의 중심적 역할

앞서 언급했듯이, 현재의 평화교육은 진정한 학습만큼이나 협의의 강의 instruction에도 관심을 두고 있으며, 우리의 현실을 변혁하기 위해 학습하고 변화시키고 스스로 탈바꿈하는 역량을 개발하는 것보다 특정 범주의 지식을 양껏 전달하는 데 더 많은 관심을 쏟는 것 같다. 정말로 수월성이 자질로 구성되어 있다면, 강의보다는 학습이 평화교육의 가장 중요한 관심사여야 한다. 모든 교육 중에서 평화교육은 수월성을 추구하는 인간의 역량을, 무엇보다도 평화조성 역량을 일깨우는 데 주로 관심을 가져야 함이 분명하다. 학습보다는 강의에, 질보다는 양에 더 많은 관심을 기울이는 교육이 유난히 통탄스러운 까닭은, 인류의 경험에서 유의미한 새로운 단계로 도약할 수 있는, 인간 종과 인류 사회의 시대가 다가오는, 그리고 적극적 평화를 성취할 수 있는 특별한 시점에 우리가 있기 때문이다. 평화를 조성하고 지구상에 비폭력적이고 정의로운 사회를 일구어 낼 역량과 성향이 인간 종의 성숙도를 나타내는 주요 지표일 것이다.

필자는 이러한 비약적 발전이 현재 느리지만 확고하게 떠오르는 패러다임의 전환—우리의 행위와 제도를 조건 짓는 적대적이며 단순화되고 파편화된 환원주의적 세계관에서 인류 사회와 세계에 대한 복합적이고 통합된 통·전론적holistic 관점으로의 패러다임 전환—에 의해 추동되고 있다고 믿는다. 대부분 물리학의 발전에서 그리고 물리학과 신학의 수렴에서 나타나는(Augros & Stanciu, 1984), 이러한 패러다임 전환은 우리가 교육에 접근하는 방식의 필수적인 요소가 되었다. 교육이 평화 교수법의 가장 중요한 목적인 평화조성 역량을 개발하고자 한다면, 패러다임 전환은 반드시 이루어져야 한다.

여기서 평화조성은 역동적이고 적극적인 과정이라고 해석되며, 평화는 폭력 없이 정의를 추구할 수 있는 상태를 함축한다. 그러한 추구는 계속 진행되는 개인적·사회적 과정을 포함한다. 평화는 의도적이고 유기적인 부단한 변화 과정에 의해서만 생길 수 있다. 그 변화는 규범과 구조에서는 물론 일상과 습관에서도 일어나며, 순차적이고 점증적이기보다는 동시적이고 항상적으로 진화한다. 평화는 최종 상태나 최종 목표가 아니다. 그것은 우리가 계속 추구하면서 재정의해야 할 어떤 것이다. 그래서 평화조성은 복잡성에 대한, 양보다는 질에 대한, 다양성에 대한, 무엇보다도 우리가 살고 있는 복잡하고 다양한 세계를 이해하는 방식을 찾기 위한, 이런저런 조각들을 종합하여 경험에서 의미를 발견하기 위한 교육을 필요로 한다.

의미는, 습득되고 고정된 특정한 태도 또는 주어진 시간 내에 순차적으로 숙달되고 응용되는 특정한 능력으로는 발견할 수 없다. 또한 인간의 상태를 해석하고 변혁한다는 더 큰 목적과 동떨어진 구체적인 학습 목표들과 연관된 정량적 측정으로는 평가할 수도 없다. 의미는, 복잡성을 이해하고 경험에서 의미를 도출하는 데 가장 적합한 맥락인 통합성과 전체성의 맥락에서만 발견할 수 있다.

평화교육의 목적을 규명하고 맥락을 창출하면서 설명되는 패러다임 전환의 한 요소가 이 복잡성과 항상적인 변화다. 교육은 강의에 치중되었을 뿐만 아니라 구체적인 최종 상태를 지향했으며, 거의 변화를 수반하지 않은 채 시공간에 고정되어 있었다. 그 최종 상태가 직업이든, 사업이든, 영속적 심적 경향이든, 불변의 가치구조든, 또는 숙달해야 할 구체적 능력이든, 교육은 주로 최종 상태를 달성하는 데 관한 것이었다. 교육과정을 개발하는 많은 사람은 달성되거나 미달되거나 또는 다른 최종 상태 목표의 일부로 포함될 학습 목표를 중심에 두고서 그 일을 설계해 왔다. 우리는 교육을 개별 과제별, 부분별, 학년별, 주제별, 순차적이고 분리된 방식으로 수행하고 완수해야 할 직무로 본다. 교육은 우리의 일생처럼 대체로 파편화되고 분류되며 양적으로 시간 제약을 받는다.

하지만 평화교육은, 경제학자 오리오 지아리니Orio Giarini가 "복잡성, 취약성, 불확실성, 리얼타임[지속적 흐름, 항상적 변화]이 존재 의지와 변화 의지의 작동 조건이 되고 있다"(Giarini, 1985, p.7)고 언급한 것의 의미를 인식해야 한다. 최종 상태와 행동적 학습목표를 다루는 교육으로 적절히 충족될 수 있는 조건은 없다. 그것들은 우리에게 존재being의 중요한 부분이 생성 becoming이라는 점과 학습이 살아가는 것—단지 삶을 위한 준비만이 아닌—이라는 점을 인식하도록 요구하는 조건이다. 또한 그것은 사회와 자연 질서뿐만 아니라 사람들도 항상적 변화 속에 있다는 점과 인간 잠재능력의 중요한 요소는 자신과 사회의 변화가 선호되는 가치를 지향하게 하고 자연 질서의 변화에 책임감 있게 공감하는 능력이라는 점을 인식하라고 촉구하는 조건이다.

평화조성은 생성, 즉 개인이 평화활동가가 되어 가고, 사회가 평화롭게 되어 가고, 아울러 자연 질서가 본연의 모습을 되찾아 건강한 개인과 창의적인 사회를 지탱할 수 있는 유기적 평화 상태로 되어 가는 것에 관한 것이기도 하다. 여기서 '건강한 개인'에서의 '건강'은 단순히 애써 경쟁하기 위해서만 아니라 온전한 인간이 되기 위해서 투쟁하게 만드는 웰빙well-being의 상태로 여겨진다. 건강에 관심이 적은 사회 및 교육이 폭력적인 사회와 병존하는 것은 놀라운 일이 아니다. 폭력은 고의적으로 해를 입히는 행위지만 피할 수도 있는 행위다. 해를 입는다는 것은 다치거나 아픈 것이다. 사실, 폭력은 사회적 병리로 묘사되었고, 폭력 행위는 흔히 정신질환의 징후로 간주되었다. 하지만 그러한 행위를 국가가 드러낼 때면, 그 징후들은 '자국의 이익 수호' 또는 잠재적 적국에 의한 피해 '억제' 같은 '당연한' 명분을 갖는 것으로 읽힌다. 그러한 국가 정책을 병리 현상으로 보는 학자들도 있다(Frank, 1962; Johanson, 1978).

우리는 병든 사회에 살고 있으며, 교육은 질환을 모면하지 못했다. 교육이 숙련된 개인, 생산적인 개인을 양성하는 데 너무 많은 관심을 기울여서 '개인'은 개념적으로 생산성과 능력 개발을 위한 훈련 대상자로 간주되기에 이르렀다. 개인 차원이든 사회 차원이든 건강과 전체성 그리고 통합성integrity에는 관심과 주의를 거의 기울이지 않았다. 흔히 입에 발린 가치로 앞세우는 통합성은 대개 단순히 정직이나 성실을 의미하는 것으로 또한 자신을 있는 그대로 보여 주는 진실함으로 여겨진다. 그렇지만 옥스퍼드 영어 사전을 보면, 통합성은 "불필요한 분할 없이 깨어지지 않은 전체"

를 의미한다. 필자 역시 '더 큰 전체와 조화롭게' 있는 것을 의미한다고 본다. 다시 말해서, 개개인의 인간다운 통합성은 서로에게, 다른 집단에게, 우리의 환경과 지구에 폭력을 가하지 않고 살아갈 수 있게 해 줄 사회적 통합성과 연관되며 그 일부라고 본다.

오늘날 '전인whole person'교육 또는 개인의 다양한 재능과 능력을 개발하는 것에 관한 몇몇 논의가 있다. 하지만 전인교육은, 몬테소리 학교와 루돌프 슈타이너 학교 등 일부를 제외하고는, 상호 연계, 상호 관계, 개인 대 개인의 연결, 개인과 더 큰 사회 및 자연 환경의 연결에 대체로 관심을 두지 않는다. 모든 수준의 사회 조직과 자연 환경의 상호 관계와 통합을 인간다운 개인의 발달을 위한 맥락으로 신중히 고려하지 않는다면, 진정한 통합성을 위한 교육 그리고 진정한 전체성을 위한 교육은 불가능하다.

여기서의 전체성은 통합성이 주요 교육 목표가 되어야 한다고 요구한다. 전통적 의미의 통합성은 물론이지만, 다른 사람과 사회, 자연 질서에 대한 관계와 전체성 측면에서의 통합성이 가장 중시된다. 이러한 통·전론이 필자가 포괄적 평화교육의 통합적인 개념적 기반을 옹호하면서 의미한 것이다. 교육 목표로서의 통합성은 평화교육이 '지구에 대한 관리책임', '세계 시민성', '인도적인 관계'라고 일컫은 세 개의 포괄적 핵심 가치에 기반을 두라고 요구한다. 이 가치들은 세계정책연구소 조사에 제출된 교육과정들의 핵심적 교육 목표로서 일관되게 등장했다. 필자는 여기에서 전체성과 통합성이 평화조성 역량에 중심 역할을 한다고 보는 평화교육자들의 인식을 감지했다(Reardon, 1988).

'관리책임'이란 가치는 학생들에게 그들과 전체 자연 질서의 관계에 대한 의식 그리고 지구의 건강·존속·통합성을 보장해야 할 그들의 책임에 대한 의식을 키워 주라고 요구한다. 또한 지구 자체와 지구의 통합성이 모든 교육, 특히 평화교육의 근본적인 중심 가치가 되도록, 우리가 사는 지구에 대한 윤리적 관계는 물론이고 물리적 관계도 인식할 것을 요구한다.

'시민성'이란 가치는 우리에게 사람들이 지구상에 비폭력적이고 정의로운 사회 질서를 만들어 내는 능력을 교육하도록 요구한다. 더불어 지구의 모든 사람에게 공평성을 제공하고, 보편적 인권 보호를 제공하며, 비폭력 수단에 의한 분쟁 해결을 가능하게 하고, 사람들에게 삶과 웰빙을 제공하는 지구를 확실히 존중하는 세계시민 사회를 이루어 내는 능력을 갖추도록 교육할 것을 요구한다.

'인도적인 관계'라는 가치는 삶의 그물망을 구성하는 상호 연계와 상호 관계를 인식하는 것으로, 인간 질서와 자연 질서 간의 상호 연계에서 시작하여 적극적 인간관계라는 인간 질서를 강조한다. 적극적 인간관계는 모두가 개별적인 그리고 집단적인 잠재 능력의 실현을 추구할 수 있게 한다. 이런 관계를 만들어 내는 것이 평화조성의 과제이며, 이를 준비하는 것이 교육의 최상위 목적이어야 한다. 이와 같은 적극적 관계는 최소한 소극적 평화의 달성을 가로막는 모든 조직화된 폭력에 대한 거부를 요구하며, 적극적 평화의 실현을 방해하는 구조적 폭력을 극복하려는 사회적 노력을 강화할 것이다.

변혁의 장애 요인

이러한 목표를 달성하기 위해서 우리는 성숙 과정에서 가장 중요한 평화 조성 역량을 폭넓게 육성해야 한다. 그러한 역량이 지금 미국의 교육과 사회 질서를 특징짓는 경향을 극복할 수 있게 해 줄 것이다. 제4장에서 평화교육이 추구하는 변혁적 맥락의 주요 장애 요인으로 지적한 환원주의적 패러다임의 부정적인 특징은 7R, 즉 체념resignation, 억압repression, 축소reduction, 배척rejection, 교정redress, 응징retribution, 유폐reservation다. 이 특징들은 우리의 모든 관계에서 압도적이며 우리의 수업 방식에 영향을 미친다.

우리는 '지능지수'와 '추정 계획'에 의해 각각 구체화되는 개인과 사회의 제한된 잠재 능력에 '체념'한다. 우리는 더 넓은 지평의 가능성, 우리가 '원시적' 또는 '비합리적'이라고 지정한 역량들의 가능성을 '억압'해 왔다. 여성적인 것, 직관적인 것, 토착민 방식 등과 같은 과학적이고 분석적이지 않은 앎의 방식은 우리 교육기관에서 크게 저평가되었다. 우리는 세계 전체의 풍성한 복잡성과 이에 대해 우리가 아는 것을, 별개의 학문과 과목에 서로 고립시킨 채 위계적으로 배열하여 학년과 중요도에 따라 순차적으로 가르치는 도구적 가치의 가장 단순한 요소들로 '축소시켰다.

우리는 기존 패러다임의 가정과 가치에 의문을 제기할 만한 적합한 권위를 갖고 있지 않다고 여긴 출처—여성, 전통사회, 비백인 민족—에서 제기되는 도전뿐만 아니라 그러한 출처에 의거한 도구를 이용하는 사람들의 도전까지 배척했다. 우리는 어떤 것이 소중하고 합당하다는 생각에 대한 도전과 침해를 부정적인 수단으로 '교정'하려고 시도해 왔다. 우리는 기껏해야 보상적이고 최악의 경우 보복적인 정의justice의 개념을 갖고 있다. 우리는 도전하는 사람들, 위협하거나 해를 입히는 사람들은 물론이고 어떤 것이 옳고 정통이라는 우리의 생각을 전복하는 사람들을 '응징'하려고 한다. 미국 사회는 계속해서 다른 인종, 다른 문화권 출신, '제2의 성'인 여성은 물론이고 다른 정치적 신조를 가진 사람을 열등한 인간으로 대한다.

아마도 무엇보다 가장 파괴적인 것은, 우리가 타자로부터 그리고 우리에게 삶을 주는 생활 시스템으로부터 스스로를 '유폐'시키는 것이다. 우리가 '객관적' 지식을 추구하는 것도 '주관적' 진실을 얻기 위해서다. 아는 것과 아는 자의 이러한 분리가, 세계적 복합 모순으로 구성된 모든 지구적 위기(제4장에서 기술한 유엔평화대학 교육과정 개요 참조)의 진정한 근본 원인일 것이다. 지배적인 앎의 방식인 관찰과 분석에 의존하는 것이 전쟁 시스템을 유지하는 데 도움이 되었으며, 우리가 다른 앎의 방식을 이용할 수 없게 막았다.

여성의 앎의 방식을 평가절하 하면서 우리가 놓친 것에 대해 페미니스트들이 주의를 환기시켰듯이(Belenky et al., 1986), 이제 우리는 타자와 그들의 고통 및 역량으로부터, 그리고 인간이 살아 있는 행성 지구와 맺고 있는 복잡하고 다차원적이며 유기적인 관계가 지닌 풍부한 가능성들로부터 스스로를 분리하여 유폐시키는 경향에 특히 유의할 필요가 있다. 우리는 스스로를 지구와 그 거주민 모두로부터 동떨어진 존재가 아니라 그 일부로 보는 법을 배워야 한다.

소극적 평화가 전쟁 시스템 해체, 폭력 극복, 전쟁과 폭력으로 가능해진 행위 패턴의 폐기를 수반하므로 평화교육도 환원주의적 패러다임의 이런 특징들을 당장 폐기하고 극복할 필요가 있다. 하지만 그것들의 해체가 교육 목적의 중심이어서는 결코 안 된다. 사실, 많은 평화교육이 이 부정적인 특징들의 극복보다 그 위험을 사람들에게 가르치는 것에 더 많은 관심을 기울여 왔다(제2장 참조). 소극적 평화에 대한 과도한 집중이 많은 평화운동에 영향을 준 것으로 보이는데, 운동 자체가 파편화되고 일부는 살아 있는 지구로부터 소외되었다.

평화운동은 이런 부정적인 특징과 조건을 뒤바꾸려고 시도하는 가운데, 이런 특징들이 만든 바로 그 행위와 과정 일부를 이용하고 있다. 그래서 일부 평화교육조차 현재의 시스템—진정한 공평성을 위한 투쟁보다 안정성을 추구하고, 복잡함을 수용하기보다 단순함을 추구하고, 모호성에 맞서기보다 확실성을 움켜잡는 시스템—을 지배적인 패러다임의 전형으로 설명한다. 또한 평화교육자들은 종종 제한된 학습 목표, 최종 상태, 구체적 능력, 정해진 지식 내용 등에 대해 교육해 왔다. 모든 평화연구가 평화를 조성하는 적극적인 방식으로 제시되거나 추구된 것은 아니었다.

평화조성 역량

일반화된 학습 목적

필자는 포괄적 평화교육의 본질적인 학습 목적으로 평화조성을 위한 7가지 필수 역량 또는 평화교육의 필수적인 7R 개발을 강조하고 싶다. 변혁을 저지하는 부정적인 R들의 안티테제로 간주되는 이 필수적인 역량들은 성찰reflection, 책임responsibility, 위험risk, 화해reconciliation, 회복recovery, 개혁reconstruction, 숭상reverence이다. 이들 모두가 양의 영역보다는 질의 영역에 속한다. 그것들은 각 학습자로부터 우러나오고, 구체적 목표 또는 정량적 목표의 달성에만 한정될 수 없는 통전론적인 교육 방식을 통해 육성되는 요소다.

'성찰'은 우리의 수업 시간표에서 시간 할애를 거의 받지 못하는 주제다. 사회교육자 로렌스 멧캐프Lawrence Metcalf와 모리스 헌트Maurice Hunt가 사회교육의 필수적인 방법으로 '성찰적 사유'를 개발하는 과정을 자세히 설명했다(Hunt & Metcalf, 1955). 그들은 성찰이 "과학적 방법의 본질적이지만 비도구적non-gadget-like 특성과 관련 있다"(p.59)고 말한다. 이런 사유방식은,

기본적으로 추론 과정인데, 민주적 정치 질서 참여와 건전한 의사 결정을 위한 준비에 반드시 필요하다.

성찰적 사유는 본질적이고 근본적인 요소이긴 하지만, 이 책에서 성찰이 의미하는 것의 일부에 불과하다. 우리는 현실에 대한 통상적인 이해의 뒷면을 볼 수 있게 해 주고, 개인적·사회적·세계적 현실에 대한 이해를 깊이 있게 하는 통로인 명상과 사색에 접근할 수 있게 해 주는 유형의 성찰을 권장할 필요가 있다. 이와 같은 과정은 사물을 여러 가지 입장에서 더욱 명확히 이해하도록 해 주고, 성찰을 위한 계기 또는 '공간'으로서 침묵의 가치를 가르쳐 줄 것이다. 우리는 침묵이라는 성찰적 공간에서 다른 사람들과 살아 있는 지구에 연결되어 있음을 곧바로 알아챌 수 있을 것이다. 교사는 교실에서 침묵을 용인하는 법을 배워야 한다. 우리는 모두 의사 결정과 평화조성 과정에서 함께 일하면서 상호작용 중의 침묵 시간에 더 익숙해지는 법을 배워야 한다.

또한 우리는 다른 형태의 침묵인 '성찰적 경청'을 위한 역량을 개발할 필요가 있다. 이는 주의 집중과 해석 같은 다양한 능력들로 구성되는 역량이며, 특히 정치가·교사·학생같이 말을 잘해야 하는 사람에게 필요하다. 구두 표현 능력을 높이 사는 것이 경청 능력의 개발을 자주 방해한다. 이와 같은 능력이 부족하면 평화를 향한 많은 활동에서, 특히 협상 과정에서 주요한 장애가 된다. 비즈니스 협상과 성공적 집단역학을 위해 개발된 많은 기법은 평화 및 군축 협상에도 아주 적합하다. 다만, 승패win-lose가 아닌 상생win-win의 맥락으로, 더 나아가 타자에 대한 심층적 이해와 상호 연계성의 맥락으로 바뀌어야 한다.

성찰적 경청 능력은 훨씬 더 효과적인 의사소통을 보장할 것이며, 틀림없이 학습을 향상시킬 것이다. 성찰적 경청은 의사소통 또는 학습에 동참하는 모든 당사자를 동등하게 존중하는, 긍정적이고 판단 유보적인 유형의 경청을 포함한다. 또한 성찰적 경청은 완전한 의미를 파악하기 위해 모든 신호를 '판독'하는, '해석' 또는 의미를 맥락 속에 놓는, 일치점과 불일치점을 모두 살핀다는 점에서 그러나 아무리 불일치가 깊더라도 모두의 인간적 존엄성을 근본적으로 존중하는 자세를 견지하는 '비판적'인 참여를 요구한다. 평화조성은 많은 점에서 전쟁 도발처럼 대립적일 수 있다. 현재 학문적 논의와 정치적 논쟁에서 사용되는 적대적인 담론 방식은 변혁적인 것으로 대체되어야 한다. 이런 방식들 중 최고는 존중하고 성찰하는 경청이다. 성찰은 개인적이든 사회적이든 책임 있는 행동의 필요조건이다.

'책임'은 가장 본질적인 적극적 평화조성 역량이다. 책임을 감당하려면 이성적이고 명상적이며 해석적인 성찰이 요구된다. 적극적 책임은 '결과에 대한 책임responsibility for'과 '대상에 대한 책임responsibility to'으로 나뉜다.

결과에 대한 책임에는 전쟁 시스템의 폭력과 불의 그리고 이를 옹호하는 가치에 자신이 연루된 대가를 떠맡고 인정하는 것, 산업화된 선진국이 저개발국을 착취하는 시스템을 개인적·사회적으로 받아들이고 동조해 왔음을 인정하는 것 등이 포함된다. 저개발국의 빈곤은 대부분 선진국이 그들의 자원을 향유하고 국제무역에서 그들의 상품을 공정가격 이하로 구매해 온 데서 초래된 것이다.

대상에 대한 책임은 세계적인 삶의 그물망에서 불가분하게 서로 연관되어 있는 사람들에 대한 책임이며, 그 조건들을 변화시키려고 행동해야 할 책임이다. 이 세계 체제에서 자신의 공정한 몫을 빼앗겨 온 타자들에 대한 책임은 우리에게 그 시스템을 비판적으로 평가하고 대안을 만들라고 요구한다. 행동을 취해야 할 이런 책임에는 위험이 수반된다.

그래서 '위험부담'도 평화조성 역량인 것이다. 위험을 부담하는 역량은 변화의 결과를 직시하는 역량이며, 변화 과정에 기꺼이 참여해 시스템과 구조를 바꾸고, 시스템·구조·관계 내에서의 자기 상황을 바꾸고, 궁극적으로는 살아가는 방식과 타자를 이해하는 방식을 바꾸는 역량이다. 어떻게 살아갈지 그리고 자신의 또는 우리의 정체성 자체를 어떻게 인지할지 등에 따르는 위험을 부담하는 역량은 평화교육에 대한 가장 본질적인 도전 중 하나다. 위험부담 역량이 없더라도 공적으로든 사적으로든 새로운 현실에서 살아갈 용기를 낼 수 있을까? 또는 새로운 현실을 만들어 내는 데 참여할 수 있을까? 현재 시스템의 불공평이 계속 만들어 낼 분쟁은 물론이고 변화하는 현실이 만들어 내는 분쟁도 우리가 부딪치고 해결해야 할 과제다. 우리는 그러한 분쟁을 헤쳐 나갈 수 있어야 하고, 모두 지구촌 가족이며 살아 있는 지구라는 통일체의 일원인 분쟁 당사자들을 화해시킬 수 있어야 한다.

'화해'는 흔히 유의미한 평화조성 역량으로 인식된다. 하지만 우리는 화해를 촉진하는 구체적인 방식·행위·태도를 개발하는 데 본격적으로 착수한 적이 없으며, 이 역량의 개발을 교육 목표로서 추구하지도 않았다. 우리는 세계 무대에서 정치적으로 갈등하는 당사자뿐만 아니라 현재 서로 대립적이고 파괴적인 관계—국제적 시스템 및 과정은 물론이고 개인 수준의 시스템 및 과정도 특징짓는 파편화된 관계—에 있는 많은 다른 요소들을 화해시킬 수 있는 역량을 개발할 필요가 있다.

무엇보다도 갈등을 빚고 있는 우리 자신의 파편들과 우리가 생각하는 방식 자체의 파편들을 화해시키는 일을 해야 할 것이다. 폭력과 불의 문제의 핵심에는 파편화된 적대적인 사유 패턴이 자리하고 있을 것이다 (Sloan, 1984). 자기 치유가 사회의 치유만큼 중요하게 될 것이다. 통전론과 통합성이, 여전히 우리의 교육과 정책 입안 과정을 지배하는 환원주의적 사상에 영향을 받은 개인이나 사회의 특성이 될 수 없음은 분명하다.

'깨어진 세상broken world'이라는 은유는, '진보와 발전'에 의해 짓밟히고 분쟁과 전쟁에 의한 파괴로 위협받는 지구에서부터 개인적 관계와 개인의 인간에 대한 의식에 이르기까지 현대의 인간이 경험하는 모든 측면에 스며들어 있다. 삶의 모든 것이 산산조각 나 있다. 지구촌 가족은 깨어지고 피를 흘리고 있다. 상처를 치유하고 소원해진 사람들을 화해시키는 것이 평화에 필요한 변혁된 사회로 이행하는 과정에 필수적이다. 그런 변혁은 우리의 구조와 관계에서 일어나야 한다.

그러나 가장 중요한 점은, 우리가 세상을 바라보는 방식과 패러다임에서 우리의 역할이 바뀌어야 한다는 것이다. 통전론적인 패러다임이 출현해도 화해의 역량에 대한 필요성이 없어지지 않을 것이다. 분쟁과 변화가 인간 경험의 일부분인 한, 화해가 인간 경험의 지속에 필요할 것이다. 그리고 화해의 역량이 없다면, 전쟁 시스템에서 평화 시스템으로의 변화에 필수적인 패러다임 전환이 야기하는 정신적 충격에서 회복하는 것을 기대하기 어렵다.

'회복'은 과도한 변화로 인한 정신적 충격과 시스템 변화에 따른 갈등을 극복하고 건강과 온전함을 되찾는 것인데, 우리가 영웅주의의 본질로 한정하지 않는 그런 용기와 힘은 필요하다. 하지만 회복은 복원, 재발견, 상실 회복 등과도 관련 있다. 억눌리고 잊혀진 많은 인간 역량을 되찾는 것이 패러다임 전환의 고통과 충격을 극복하는 데 필수적일 것이다. 그것은 사실상 우리가 회복 역량의 개발을 모색할 때 가장 희망적인 측면일 것이다. 앞서 지적했듯이, 우리의 과거로부터 회복해야 할 것이 많으며, 어떻게 적극적 인간관계를 형성하고 평화를 창출할 것인가에 관해 우리가 아는 것도 많다. 우리의 미래 이미지에는 억눌려 있는 것도 많다. 페미니즘은 인간 경험의 전 영역과 평화조성에 기여할 수 있는 이미지화 방식을 우리에게 알려 준다(E. Boulding, 1976). 확실히 현재 패러다임에서 평가절하 되거나 억눌린 인간 경험의 다른 부분을 재발견하는 데서 배울 것이 많다.

우리는 새로운 현실을 만들어야 한다. 우리는 깨어진 세상의 파편들을 재구성해야 한다. 우리는 통합성과 전체성이라는 새로운 패러다임에서 우리가 알아내고 창조하고 상상할 수 있는 적극적 요소들을 모아야 한다. 우리는 건강하고 건전한 인류 사회를 지구상에 재건해야 한다. 그리고 우리의 교육에서 오랫동안 소홀히 해 온 상상력의 건설적인 사용을 실행에 옮겨야 한다.

'개혁' 역량은, 다른 어떤 필수 역량보다 평화조성을 위한 상상력 사용을 수반한다. 상상력 개발은 가장 공통적으로 거론되는 평화교육의 목적 중 하나다. 그것은 K-12 교육과정 지침에 있는 몇몇 교육과정의 주된 목적이며(Reardon, 1988), 많은 이론 문헌에 등장한다. 필자가 보기에, 개혁 역량 면에서 가장 깊은 수준의 통찰에서 실천 수준의 설계 능력까지 세 가지 구별되는 상상력 발현—비전구상, 이미지화, 모델—이 있다.

그중 가장 깊은 것은 '비전구상'으로, 가장 근본적인 인간적 가치를 표현함으로써 인간의 잠재 능력을 실현할 가능성 전체에 대한 통찰을 경험할 수 있게 한다.

'이미지화'는, 비전구상과는 별개의 것으로 특히 가치를 탐구하는 영역에서 더 쉽게 토론 대상이 된다. 이미지화는 가치들이 실현될 경우의 지배적인 상태를 시각화하는 것이다. 비전을 표현하기 위해 미술·시·철학이 필요한 경우에는 담론의 서사로써 이미지를 묘사할 수 있다.

'모델화'는 가장 실천적이고 능력의 영역에 가깝다. 사회적·정치적 구조설계, 경제적·정치적 과정 설계 그리고 인생 경험에서 실제 실현된 가치를 나타내는 인간관계의 패턴을 포함한다. 우리는 흔히 모델을 '선호된 미래의 청사진'으로 사용한다. 모델화 역량은 평화교육에 대한 개량적·개혁적 접근법에서 중요시되어 왔다. 이미지화는 이 접근법들을 변혁적 접근—비전제시 역량과 예언자적 재능을 발산하면서 분투하는—으로 연결시킨다.

예언자적 역량은 필수적인 평화조성 역량 중에서 가장 포괄적인 (필자 생각으로는 가장 의미 있는) 일곱 번째 역량인 '숭상'으로 우리를 이끈다. 그러나 숭상이 위대한 사회적 비전을 제시하는 예언자에게만 귀속되거나 종교 교육에 한정되어서는 안 된다. 그것은 보편적인 역량이다. 과학 패러다임이 폄하해 왔고 민주주의가 오해했던 것이지만, 진정한 삶의 기쁨을 바로 샘솟게 할 수 있는 역량이다. 필자는 '숭상'을 진실과 선량함에 대한 존중뿐만 아니라 삶의 충만함과 무한한 가능성에 대한 가장 깊은 감사를 의미하는 용어로 사용한다. 우리는 스스로를 인간으로서 처음 의식하게 된 때로부터 여러 세기 동안 삶의 가능성을 제한적으로만 경험해 온 것 같다. 숭상은 진정한 학습의 어머니인 경이감의 원천이다. 또한 희망하는 역량의 원천이고, 인간적 연민이 솟아나오는 바탕이며, 평화교육의 포괄적인 가치

이 개념은, 1986년 9월 컬럼비아 대학교 교육대학의 평화교육 세미나에서 더글러스 슬론이 제기한 내용을 다듬은 것이다.

목표인 관리책임성·관계성·시민성의 중심에 있는 상호 관계에 대한 이해와 유대감의 주된 발현이다. 숭상은 다른 여섯 가지 역량에 전체성과 통합성을 마련해 준다.

이 역량들을 육성하는 교육 프로그램을 개발하는 것이 평화교육의 도전적인 과제다. 그것은 새롭고 때로는 무서운 영역으로 모험을 떠나도록 요구한다. 또한 우리 자신의 직업적 현실을 구조조정 하라고 요구한다. 그리고 우리가 과거에 부분적으로만 해 오던 방식으로 직업을 영위하는 데 제동을 건다. 더글러스 슬론(1983)이 '전체성 회복'이라고 언급한 것이, 이런 저런 조각들을 합치고 잃어버린 조각을 상상하고 창조할 수 있게 해 준다. 그리하여 우리는 교육의 진정한 목적을 추구하고, 인간 경험을 풍부하게 할 수 있으며, 폭력의 진정한 원인인 생명으로부터의 소외를 극복함으로써 인간 경험의 지속을 보장한다는, 평화교육의 최상위 목표를 달성하려고 더 효과적으로 노력할 수 있다.

평화조성 역량 개발을 향한 교육

교실에서 일곱 가지 필수 역량 개발을 추구하려면 교육적 실천의 중대한 변화가 정말 필요하다. 특히 세계정책연구소 조사 결과를 보면, 많은 일선 교사가 그런 목적에 영향을 미치는 수업에 이미 활발하게 관여하고 있음이 분명하다. 이 조사의 결과물인 교육과정 지침(Reardon, 1988)은 후술할 권장 사항에 손쉽게 맞출 수 있는 단원과 수업 방안을 담고 있다. 사실, 이 권장 사항 대부분은 평화교육의 교육과정과 현재의 실천에서 영감을 받은 것이다.

　성찰적 역량 개발을 가르치려면, 헌트와 멧캐프(1955) 그리고 1960년대 '새로운 사회 연구'의 학문적 분석 일부가 옹호한 접근법을 새롭게 조명할 필요가 있다. 이들에게 성찰적 사유는 연구 방식과 문제 해결의 본질적 요소였으며, 민주 사회 시민에게 필수적인 능력을 가르치기 위해 널리 옹호되었다. 하지만 새로운 차원 또한 탐구되어야 하는데, 침묵의 창조적 잠재력이 대체로 간과되어 왔다. 모두에게, 어린 학습자에게조차 성찰할 수 있는 사적 시간과 침묵의 공간이 필요하다는 것을 인정해야 한다. 이 필요를 충족할 수 있는 잠재력이 큰 것은 현재 일부 평화교육에 도입되고 있는 명상기법이다. 긍정적 경청의 침묵과 사색하는 명상의 침묵은 모두 성찰적 역량이 개발될 수 있는 조건을 마련해 주며, 동시에 평화교육 수업에서 장려해야 할 조건이다.

책임을 가르치는 것은 역량 강화를 위한 것이기도 하다. 책임은 책임을 맡아 봐야 가장 잘 배울 수 있다. 학생들은 실제 의사 결정이 아닌 학습 주제에 관해 단순히 의견을 형성하는 기회가 아니라 실제 선택하는 기회를 가질 필요가 있다. 그들에게는 이슈와 직접 관련된 행동으로 이어지는 선택을 할 기회가 필요하다. 일반 공동체와 더 큰 사회 안에서 추구되는 개인행동 및 집단행동의 기회는 평화교육과정에 통합될 필요가 있다. 사회적·정치적 행동에 참여하는 모든 연령의 학생은 사회 변화의 가능성과 어려움을 가르쳐 주는 현실에서 귀중한 경험을 하게 된다.

그들에게는 자기 행동의 효과성을 평가하는 데는 물론이고 사회 현실에 관해 판단하는 데 건전한 기초가 주어진다. 가장 신중하게 선택한 행동조차 반드시 원하는 결과를 가져오는 것이 아니라는 점과, 행동을 취하는 것은 유능한 변화 주체가 되는 법을 배우는 과정의 일부이며 또한 행동을 가다듬고 원하는 목적에 더 효과적으로 다가가는 법을 배우는 과정의 일부라는 점에 대해 교사와 학생들이 소통하는 것이 중요하다. 역량 강화, 책임 및 행동을 위한 교육은 '과정학습'의 한 형태이기도 하다. 그것은 성찰과 행동의 순환, 즉 파울로 프레이리가 말한 정치적 역량 강화 및 해방을 위한 의식화에 필수적인 프락시스praxis 과정과 밀접하게 관련된다(Freire, 1973).

책임을 가르치는 데서 똑같이 중요한 또 다른 요소는, 학생들이 지식을 보유하고 창출하는 책임의 참 모습을 알아보게 돕는 것이다. 이 책임은 과학 분야에서, 특히 무기 개발과 관련하여 대부분 논의되었다. 하지만 모든 지식과 지식의 추론 및 전달에는 책임이 따른다는 점, 책임 있는 학습자는 지식을 자신의 패러다임과 행위에 포함시키는 한 그 책임감을 유지한다는 점을 학생들이 깨달아야 한다.

책임의 행사는 개인적·사회적·정치적 상호작용에서 추구되고 그에 반영된 가치를 행사하는 것이다. 진정한 가치화는 행동을 낳고 위험을 수반한다. 위험부담이 가치에의 헌신에 불가결하다는 점, 우리의 가치를 실현하기 위해 변화를 추구해야 한다면 위험은 불가피하다는 점을 학생들이 배우도록 도울 수 있다. 사실, 프레이리가 말한 맥락과 자신의 해방을 위해 가치를 적용했던 사람들의 경험에 비추어, 위험부담은 역량 강화 과정에서 극히 중요한 부분이다. 위험을 부담하는 것은, 위험부담자가 행동의 결과를 다루는 역량을 개발하고 추가적인 위험을 부담할 수 있게 역량을 강화해 준다. 그것은 변화된 조건에 대한 성찰로 이어져 추가 행동을 취할 수 있게 할 것이며, 또한 단계마다 새로운 위험이 생길 가능성에 대한 이해로 이어질 것이다.

위험부담자는 자신감 있는 사람들인데, 교육은 학습자에게 자신감을 심어 주는 데 그다지 효과적이지 않았다. 우리는 자신감을 떨어뜨리고 순응을 장려하는 사회규범을 강화함으로써 학생들이 위험을 회피하도록 가르치는 경향이 있다. 또한 우리는 개별 학습자의 잠재력을 학년별로 또는 학습 스타일에 따라 정량적 항목으로 평가하고 제한한다. 우리는 경쟁적인 성적 시스템과 표준화된 교육과정 및 수업 방법을 사용해 자신감을 떨어뜨린다. 우리는 교실에서 위험을 부담하고 자신감을 키우기에 좋은 분위기를 조성하지 않는다. 창의성과 개성은 대부분 입에 발린 말에 지나지 않아, 지배적인 패러다임이 높이 평가하는 독특한 재능을 보이는 사람들 외에는 개발의 기회가 많이 주어지지 않는다. 다른 분야에 재능이 있는 사람들은 너무 자주 그들의 재능을 발굴하는 것을 단념한다. 우리 교실의 경쟁적 성격은 개성 있는 재능의 개발을 저해하고 적극적 평화에 아주 중요한 상호 보완 가능성의 싹을 제거한다.

학생들의 학업과 학습 능력을 상대 평가로 측정하는 대신, 그들의 특수한 재능이 공통의 목표와 공유 가치를 실현하려고 분투하는 집단 역량으로 통합될 수 있는 방식, 즉 상호 보완성을 학생들이 개발할 수 있도록 학교가 도와야 한다. 우리가 다양성과 보편적 존엄성의 가치를 드높이려고 한다면, 우리의 교실에서 학습 스타일과 문제 해결 접근법의 변형들이 각기 다르게 다루어져야 한다. 이 변형들은 인간의 잠재 능력과 가능성이 경이롭게 펼쳐진 사례로 간주되어야 한다. 상호 보완성은 본질적으로 '협동학습'에서 실천되는 많은 것들의 핵심이다(Johnson & Johnson, 1984). 많은 관련 연구가 이 분야에서 수행되고 있다. 변혁적 교육에 아주 중요한, 다름에 대한 적극적 태도를 개발하는 데는 '협동학습'이 확실히 필요하다.

타자성과 인간의 다름에 대한 적극적 태도를 의식적으로 육성하는 것이 화해 역량을 개발하는 데 필수적이다. 평화와 관련된 다문화 교육의 실천 사례이긴 하지만, 실제로 교실을 다름과 다양성을 찬양하는 장소로 만들면 화해는 당연히 추구될 것이다. 다름을 화해시키는 것이 다름을 없애는 것을 의미하지 않는다는 것을 분명히 설명할 필요가 있다. 오히려 그것은 파괴적이고 소극적이고 대립적인 방식보다는 건설적이고 적극적이고 협력적인 방식으로 다름에 적응하는 것을 의미한다. 다름이 미국 사회의 통합 요구에 대한 그리고 통합성과 전체성 추구에 대한 흥미진진한 도전이라는 것은, 의도적으로 가르칠 수 있는 개념이다. 다름은 우리가 전쟁 시스템의 현실을 변혁하는 데 도움이 될 수도 있는 다른 존재 방식과 앎의 방식의 가능성들이 모인 지점으로 제시되어야 한다.

무엇보다 특히 화해 역량은 갈등 해결 교육에 포함되어야 한다. 그것은 아마 갈등 해결의 배경이면서 종결 단계로 여겨질 것이다. 갈등을 매듭짓는 것뿐만 아니라 갈등 당사자를 진정으로 화해시키는 것도 당연히 변혁적 갈등 해결 과정의 목적일 것이다. 화해의 개념과 화해시키는 역량은 현재 우리가 가르치는 세계 연구, 비교 시스템, 상반된 이념 분석 등에 그리고 성차별주의, 인종차별주의, 식민주의, 세계 공동체 건설 등의 문제에 통합될 수 있다. 화해는 전체성, 관계성 및 통합성의 발현이다. 상호 연계성의 인식을 가르치는 것이 화해를 향한 교육이다.

회복이 역사 수업에서 치유, 발견, 개념, 또한 역량으로서 주요 주제가되는 것은 당연한 일이다. 치유로서의 회복 개념은, 역사에서 진정한 화해의 순간 또는 파괴적 상황 및 관계가 인간의 행동으로 극복되고 바뀌는 경우를 강조하는 가운데 분명히 보게 될 것이다. 과거의 역사에서 또는 세계의 여러 지역과 문화에서 발휘된 인간 역량을 발견하는 그런 치유는, 건설적으로 이상주의적이고 희망에 찬 커다란 가능성을 학생들에게 열어 줄수 있다. 우리의 과거나 다른 문화의 역사에 추구하는 이상이 실제로 존재했음을 발견할 수 있다면, 현재의 공간과 시간에서도 그것을 달성할 가능성을 기대할 수 있다.

회복은 또한 우리에게 상상력, 자연성장성, 모험심에 더 많은 가능성을 열어 두라고 요구한다. 학생들이 공부하고 있는 역사뿐만 아니라 자신의 환경, 교실, 학교, 가족, 공동체에서 그리고 그들이 실제로 직면한 문제 속에서 특정한 역량과 조건을 찾아보는 경험을 갖게 할 수 있다면, 그들은 자신의 회복 역량을 깨닫게 될 수도 있다. 이미지화 및 모델화 연습을 실천적으로 적용해 보면, 깨어진 세상을 수리하는 역량은 물론 재건하고 변혁하는 역량도 그들 자신이 가지고 있음을 깨달을 수 있다.

수리하고 재건하는 것은 개혁 역량에 필수적인 요소다. 개혁은 현실에서 무엇을 버릴지 결정하기 위한 평가는 물론이고 무엇을 수리하고 무엇을 새로 만들지에 대한 성찰도 필요로 하므로 개혁 역량은 어떤 점에서 다른 다섯 개 역량을 아우른다고 할 수 있다. 그것은 제안을 만들어 내고 변화를 일으키는 데 필요한 행동을 취할 책임을 요구한다. 또한 새로운 것이나 보통 시도되지 않는 것을 시도하는 위험 부담을 요구하며, 서로 대립해 온 요소들을 공동의 노력 속에서 화해시키는 것을 요구한다. 그리고 인간이 지난날 새로운 사회 질서를 태동시킬 때 사용했던 사회적 기획과 사회구조 창설에 대한 모든 지식과 능력을 회복할 것을 요구한다.

이와 같은 역량은, 교실에서의 관계 구조를 기획하거나, 교육과정의 순서와 방법을 어느 정도까지는 현실성 있게 기획하거나, 할 수만 있으면 사회 변화 기획에 활발하게 관여하는 외부 집단과 함께 일하는 등 실제 사회적 기획에 참여할 기회를 학생들에게 주어야 비로소 발휘되고 학습될 수 있다. 여러 학교가 교내 동아리를 학습 실험장으로 이용하고 있는데, 이미 우리가 이러한 역량들을 개발하기 위한 교육 기회를 많이 가져 왔음을 보여 준다.

마지막으로, 숭상에 대해 가르치는 것은 오직 숭상하는 분위기에서만 할 수 있다. 교실은 인간의 상호 존중이 규범인 장소면서, 모든 연령의 아이와 학습자가 소중하게 여겨지고 경험이 가치를 인정받는 장소여야 한다. 개개인의 고유한 재능에 대한 존중은, 모두가 공유하는 공통의 인류에 대한 숭상 그리고 삶을 지속시키는 지구와 삶에 대해 경탄하는 자세로 보완되며, 교사에 의해 시현되고 학습자에 의해 양성되며 사회의 의식 속에서 쟁취되는 태도다.

학습에 대한 변혁적 접근

방금 논의한 다양한 교육 목적은 대부분 개혁 역량으로 모아진다. 우리가 실제 변혁 과정에 참여하는 것은 개혁이기 때문이다. 앞서 언급했듯이, 세계 질서 연구에서 포괄적 평화교육에 적합한 개혁적인 수업 활동이 개발되었다. 세계 질서 연구의 방법은 중요한 변혁적 요소 중 일부가 빠져 있긴 하지만 필수적인 평화조성 능력을 개발하는 데 큰 도움이 되며, 통전론적인 지향성을 갖는 교수법의 맥락 안에서 '과정학습' 접근법에 통합될 수 있다. 하지만 이를 비롯한 포괄적인 연구 방법이 진정으로 변혁적이려면, 현재의 능력 지향 대신에 최상위 목적과 필수 역량을 기반으로 출발해야 한다.

구체적인 능력의 개발에 뿌리를 둔 교육 방법이 어떻게 역량 개발 접근을 담아내는가의 사례로서, 세계 질서 연구처럼 본질적으로 개혁적이면서도 순차적이기보다는 순환적이며 합리적 분석에 국한되지 않아서 변혁적일 수 있는, 잠재력이 어느 정도 더 클 수도 있는 하나의 과정을 제안하고 싶다. 필자는 이전에 강조했던 기술을 역량 개발 개념과 함께 새롭게 떠오르는 관심사에 통합하는 수단으로서, 그리고 지금 평화교육에 대한 적절하고 효과적인 접근을 계속 탐구해 가는 데 기여하는 것으로서, 이 과정을 제안한다.

지금 필자를 사로잡고 있는 교육적 과정은 다양한 능력(필자가 더 일반적인 평화조성 역량의 요소로 보는 능력들)을 발휘하는 활동들로 이루어진, 학습 경험 주기 또는 단계다. 각 주기는 현실을 마주하는 것으로 시작되고 끝나며, 비전 포착, 이미지 형성, 선호 명확화, 모델 구성, 가능성 평가, 정책 기획, 행동, 변화 성찰 및 평가 그리고 현실을 마주하는 여러 단계를 중첩적으로 거친다.

현실을 마주하는 것은 본질적으로 세계 질서 연구 방법론에서 문제 진단이라고 지적되고 프레이리가 비판의식 개발이라고 말한 그런 과정이다. 이 단계의 능력은 주로 비판인데, 브룩필드Stephen Brookfield가 학습자들이 미디어를 다루는 법에 관한 논의에서 '해체'와 '해독'이라고 언급했던 해석적이고 분석적인 작업이다(Brookfield, 1986). 이 단계에 대한 변혁적인 '과정학습'의 접근은, 현실과 그에 따른 진단과 해석이 끊임없이 변화하고 너무 복잡해서 문제에 봉착하는 대로 우리 지식의 타당성을 계속 재평가해야 한다는 점을 강조한다.

평화와 정의라는 가치의 관점에서 조명되고 평가된 지금의 현실 대부분이 인간의 목적과 인간의 가능성에 상반되기 때문에, 선호되는 현실을 향한 변화라는 지상과제는 다음 단계를 가져온다. 변화에는 방향과 희망이 필요하므로 변혁된 세계의 비전을 그리려고 시도하게 된다. 근본적인 가치들—세계 질서 연구에서 제시한 다섯 가지 가치보다 훨씬 더 깊은 중요성을 가진 가치, 생명과 보편적 인간 존엄성을 긍정하는 질서의 가치, 그리고 관리책임성·시민성·관계성이라는 세 가지 핵심 가치 등—이 규명되고 분명하게 표현된다. 이것들은 선호되는 현실의 이미지를 형성하기 위한 통·전론적 틀을 마련하기 위해 여성적인 감수성과 남성적인 합리성이 융합되어 있는 가치다. 이 단계는, 명상과 성찰을 실천하고 침묵을 창의적이고 건설적으로 이용함으로써 비전구상 및 추측 역량을 개발할 수 있는 단계다. 근본적이고 통·전론적인 가치 대안들을 도출할 수 있는 이러한 비전으로부터 이미지를 형성할 수 있다.

이미지를 형성하는 과정은 의도적인 대안적 현실 개념화에 의해 상상력을 발현시킨다. 그것은 개념화 능력과 가치 평가 능력을 모두 발휘한다. 비전구상 과정이 근본적인 가치를 깨닫는 통찰을 가져다주듯이, 이미지화는 근본적인 가치를 묘사적인 용어로 파악하고 정의할 수 있게 해 준다. 가치를 정의하는 것은, 선호되는 것을 확정하고 분명히 표현하는 데 그리고 정책 대안과 행동의 선택지를 만들어 내는 데 필요하다.

복잡하고 대립적인 세계에서는 각기 다른 가치 시스템들이 서로 격렬하게 경합한다. 인간 집단 사이에서 가치의 공통성이 확인되는 바로 그때도, 심지어 우리가 가치들을 조화시키고 소외를 극복하려고 추구하는 바로 그때도, 차이의 폭이 여전히 넓어서 가치가 사회 변혁의 구심력이 되려면 가치 선호들이 명확히 제시되고 협상되어야 한다.

변혁된 세계 사회의 공동 가치에 관해 의견일치를 이루는 데 필요한 담론에서, 평화활동가들이 자신의 가치 선호를 전달하고 방어하려면 묘사는 물론이고 추론과 옹호에도 능숙해야 한다. 가치 선호를 명확히 하고 선택하는 일은, 이미지와 선호를 묘사하고 교환하고 옹호하는 집단 역량이 가장 도움될 수 있는 그리고 집단 역량을 개발하는 데도 가장 효과적일 수 있는 학습 활동이다.

일단 공동의 선호와 가치에 합의가 이루어지면 변혁에 요구되는 구조적·규범적 변화가 개념화될 수 있다. 모델을 구성하는 일은 가치를 구체화하고 분석하고 명료화하는 더욱 정교한 능력을 필요로 한다. 또한 사회 질서의 구조와 기능의 관계를 이해하는 능력을 개발할 필요가 있는데, 생태학자들은 자연 질서의 이런 면을 이해하려고 시도한다. 모델화는 인간의 목적을 달성하기 위한 절차적 수단을 고안하는 데 필요한 발명 및 설계 능력의 개발에도 기여한다. 선호되는 공동 가치를 구현한 세계 사회의 대안적 구조가, 또는 세계 질서 연구에서 묘사된 '변혁된 국제 시스템 모델'이 제안되면 새로운 시스템을 가져올 정책 기획에 착수할 수 있다. 사회적·정치적 행동이 비전의 관점에서 추구되고 모델에 의해 인도될 수 있다.

지금의 현실에서 모델에 묘사된 선호되는 현실로 나아가기 위해서는, 학습자들이 정책을 기획해 본 경험을 쌓아야 한다. 정책 기획은 가치 실행에 적합한 행동을 선택하는 능력과, 모델에 구현된 의도를 실현하려는 전반적인 접근에 다양한 행동 계획을 통합시키는 능력을 필요로 한다. 이러한 정책 기획은 변화를 위한 행동을 시작할 때 위험부담 역량과 개혁 역량도 개발된다.

정책 기획은 변화 가능성에 대한 평가에 의존한다. 이와 같은 평가는, 이 과정에 대해 동의를 구해야 할 당사자들의 대립적 이해관계와 공통된 이해관계를 평가하는 능력에 더해 자원을 분석하고 확인하는 능력도 필요로 한다. 이런 유형의 분석은, 학습자들이 화해 역량을 개발할 수 있도록 하는 활동에 참여할 때 진정으로 변혁적 유형으로 바뀐다. 그들이 자원

이용과 이익 추구에서 갈등을 줄이고 협동을 제고하려고 시도할 때도 그러하다. 변혁적 방식의 정책 기획은 전체로서 모든 인류의 이익에 최고의 지위를 부여하고 전체 세계시스템을 기본적인 분석 단위로 간주해야 할 본질적인 필요성을 검토한다.

변화 가능성을 평가하는 일은, 끊임없이 현실을 마주하고 문제의 복잡하고 변화하는 본질을 지속적으로 검토할 것을 요구한다. 또한 각기 다른 문제 사이의 상호 관계를 그리고 문제 해결 능력의 기초를 이 상호 관계에 두는 것이 중요함을 학습자에게 상기시키는 계기도 제공한다. 바꿔 말해, 평화교육은 학생들이 현실을 개별 문제로서보다는 '복합 모순'의 맥락 속에 있는 상호 관련된 문제로 마주하게 도와야 한다. 이 상호관계는 교육과정에 '문제 군집problem cluster'으로 표현되어 있을 수도 있다. 이슈·관심사·갈등의 군집은 주요한 가치 이슈를 중심으로 형성되는데, 그것들의 원인과 발현이 상호 의존적이어서 따로따로 해결을 도모할 수 없다.

문제 군집의 개념은 복잡성과 아울러 순환 및 변화의 개념도 동반한다. 문제들이 불가분하게 상호 관련되어 있긴 해도, 각각이 개별적인 역동성과 원인을 가지고 있으며, 다른 장소에서 다른 속도로 진화할 것이다. 군집 관계는 학생들이 다차원적이고 역동적인 맥락에서 문제를 보는 데 도움이 될 수 있다. 그리고 교사는 물론 학습자가, 복잡하고 변동성 큰 이슈의 해결에는 한 종류의 문제 해결 능력만으로는 부족함을 인식하고 필수적인 평화조성 역량을 심화·확대하는 학습 경험을 설계할 필요가 있음을 인정하게 되는 데 도움이 될 것이다. 이와 같은 접근은 학생들이 변화를 삶의 상수로 이해하고 인간의 가능성을 넓히는 수단으로 찬양하며, 더 인도적인 사회 질서로 변화를 이끌어 가는 법을 배울 수 있게 도와줄 것이다.

여기서 개략적으로 설명된 단계들은 시험해 보고 발전시킬 필요가 있긴 하지만, 각 단계는 평화교육을 추구하는 일부 교실과 여러 학습장에서 이미 시현되었다. 필자가 알기에, 변혁을 위한 과정학습을 실행하는 실천 방법은 많은 부분 이미 존재하므로 설계할 수 있다. 그러나 구체적 방법을 정교하게 발전시키고 포괄적 교육과정에 필요한 프로그램을 설계하는 과제가 평화교육에 대한 주요 도전으로 남아 있다.

제**6**장

포괄적 평화교육을
향하여

● 포괄적 평화교육은 핵 시대의 세계적 책임을 위한 교육에 전반적으로 접근하는 것을 함축한다. 그것은 학습의 모든 수준과 영역에서 운용되고, 모든 분야의 관련 지식을 포함하며, 평생 지속되는 과정이다. 그 전반적인 목적이 변혁된 세계 사회 질서로서의 평화를 '위한' 교육이라고도 하지만, 평화조성 능력 및 기술 습득을 수반하는 학습은 평화에 '관한' 교육을 훨씬 넘어선다. 그 목적의 폭넓음과 권장하는 내용의 광범위한 성격을 고려해 볼 때, 필자는 포괄적 평화교육이 대부분의 사회적 학습을 위한 그리고 당연히 모든 공식 교육을 위한 근본적인 틀이어야 한다고 주장한다. 요컨대, 교육의 기본적인 발전 방향은 긴급히 욕구되고 성취될 수 있는 인류 변혁의 가능성을 받아들이는 쪽이어야 한다.

포괄적 평화교육의 차원

포괄적 평화교육의 범위는 전통적인 교육과정 형식으로는 적절하게 묘사할 수 없다. 사실, 궁극적으로 교육과정이 체계적으로 기획되긴 하겠지만, 구체적인 형태의 기획에 착수하기에는 아직 이르다. 평화교육자 스스로가 우선 추구해야 할 비전을 구상하고 모델 교육과정을 기획하게 될 교육적 과정을 이미지화하면서 변혁 과정에 참여해야 한다. 필자에게는 이 책에서 공유한 성찰이 비전구상 및 이미지화를 위한 준비의 일환이었다. 이제 필자가 하고 싶은 일은, 이미지화와 모델화가 실제 이루어질 맥락인 포괄적 평화교육의 잠재적 차원에 대해 공유하는 것이다.

우리는 네 가지 본질적인 차원을 염두에 두면서 이미지를 만들어 내기 시작해야 한다. 첫 번째 차원은, 전 지구적 질서의 맥락에서 전인격the whole person을 교육과정의 중심에 두는 통합적이고 통전론적인 교육이다. 그 과정은 개인이 지구 시스템 전체에 대한 의식과 다양한 상호 연계에 대한 의식을 개발하고 어느 정도 의식적으로 참여함으로써 전체the whole에 적극적·의식적으로 통합될 수 있게 할 것이다.

두 번째 차원은 인간의 맥락, 특히 우리 모두를 묶어 두는 상호 연계 요소다. 이 요소를 부각시키면, 세계 시스템, 경제 시스템, 사회 시스템, 그리고 무엇보다 개인 대 개인, 개인 대 집단, 집단 대 집단 사이를 연결하는 대인관계 시스템 등의 인간적 차원을 구성하는 다양한 시스템 간의 관계를 개인이 볼 수 있게 된다. 이 관계들은 사회 조직의 모든 수준에서 작동하는 사회적·경제적·정치적 과정의 맥락 속에서 볼 수 있다. 또 가장 중요한 점은, 조작되지 않은 자연계의 조화로운 생태적 상호 관계를 전체에 대한 은유로 이용하며 관계들을 변혁하여 전체와 조화를 이루게 하려는 공동 투쟁의 맥락 속에서 이 관계들을 볼 수 있다는 것이다.

세 번째 차원은 생태적이고 지구적인 것이다. 다양한 시스템을 통합하는 통전론적인 비전은 시스템의 숙주로서 지구를 강조하고 생태학적 에토스를 표현한다. 그리고 깨지기 쉬운 자연 균형을 포함하는 상호 의존적 기능 및 과정의 개념을 강조한다. 이 자연 균형은 자연 질서, 즉 지구라는 집이 인간의 실험을 위한 숙주로서 계속 존속할 수 있도록 존중되고 유지되어야 한다.

네 번째 차원은 유기적이고 발달적인 것이다. 학습은 발달 과정의 일부로 보아야 한다. 발달 과정은 개인의 발달, 인간 종 전반의 발달, 그리고 전체의 다른 부분 및 다른 종과의 관계 안에서 인간 종의 발달을 의미한다. 학습은 유기체·생명체의 발달이라는 의미의 유기적이고 살아 있는 발달 과정 및 과정적인 관계에 관여한다. 또한 학습자들이 물리적 관계는 물론이고 마음을 통해서도 지구와 관계를 맺고, 그 관계가 살아 있는 상호 의존적 현실이고 지구적인 의식임을 알게 되도록 도울 것이다.

어떤 이들은 이런 구분이 너무 개괄적이어서 실용적이지 않다고 볼 수도 있다. 하지만 비전구상, 이미지화 및 모델화의 구체적인 모습이 일부 교육과정에 이미 예시되었다시피, 각각은 현재의 실천에서 어느 정도 명확해져 있다. 필자가 이러한 차원에 대해 알게 된 것은, 모든 것이 하나의 프로그램, 하나의 접근 방식 또는 심지어 하나의 명시된 비전으로 이루어진 것은 아니지만 평화교육에서 사용되는 일부 실천 방법에 녹아들어 있기 때문이다. 게다가 다양한 실천들이 포괄적 접근법에 합쳐질 수 있는 가능성을 보여 주며 몇몇 차원을 드러내 보였다.

포괄적 평화교육의 가치와 질적 요소

이 책의 초반에서 필자는 현재의 실천이 세 가지 종속적인 가치를 추구하는 데서 깊은 영향을 받은 것으로 보이며, 그 가치들은 다양한 형태로 평화교육과정에 두루 나타난다고 언급했다. 필자가 '지구에 대한 관리책임', '세계시민성', '인도적인 관계'라고 일컫은 가치 개념들은 세계 질서 연구에서 제기한 가치, 세계공동체 가치, 그리고 인권운동·생태운동·환경운동에서 표방한 가치 등 평화와 관련된 그 밖의 모든 가치에 그리고 변혁을 지향하는 모든 가치에 영향을 미친다.

이 가치들은 각각 다양한 인간 역량, 즉 필자가 특별히 강조한 일곱 가지 필수 역량에도 관련되며, 우리가 교육과 사회 개발에서 의식적으로 변혁 모드로 전환하면 요구될 그 밖의 인간 역량에도 관련된다. 필자는 역량 개념에서 (양에 대한 일반적인 강조와 대조적으로) 질의 중요성을 강조한 이전의 노력을 계속하면서 세 가지 중심 가치를 달성하는 데 긴요한 다른 일반적 역량을 거론하고자 한다. 어떤 의미에서, 이 역량들은 이미 논의한 일곱 가지 역량을 포괄한다. 이는 세 가지 상위 가치가 다른 모든 평화 가치를 포괄하는 것과 같다. 세 가지 핵심 가치와 거의 짝을 이루는 것으로 보이는 세 가지 인간 역량은 '배려care', '관심concern', '헌신commitment'이다.

'배려' 역량은 대부분의 평화교육자가 지금 의식적으로 교육하려고 하는 역량이다. 인본주의 전통의 많은 교육자가 이 개념에 공들여 왔다. 일부는 학습자가 이를 발달시킬 수 있도록 의미 있는 학습 및 강의 절차를 개발했다(Laor, 1978). 배려는 지구에 대한 관리책임에 필수적인 핵심 자질이다. 그것은 포괄적 평화교육의 정동적 목적이기도 하다. 배려는 인식주체 the knower와 사랑주체the lover로서의 자아에 대한 지식 개발을 필요로 한다. 지식과 앎이 무엇인지 알게 된다. 필자는 변혁 가능성에 관한 토론에서 유대인 학자가 '지식knowledge'과 '안다to know'는 용어가 '사랑love' 개념에 뿌리를 두고 있다고 지적하는 것을 흥미롭게 들었다. '안다'는 성서적 의미에서 '사랑한다', '행동을 같이한다', '배려한다'로 해석된다는 것이다. 그래서 이 정동적 목적이 개인의 정서 발달을 다루며, 상호 충족적인 관계를 설정·유지하고 그와 같은 상호 관계망에 '투하된' 느낌을 갖는 역량을 다룬다.

사랑-인식주체의 지적 발달은 '관심' 역량 개발의 가장 중요한 인지적 목적으로 표현된다. 필자는 관심을 '가치 결손, 가치 부정, 가치 침해 등의 문제에 마음 쓰는 자질'이라고 정의한다. 관심은 학습자들이 이슈 또는 문제에 관해 정보를 얻거나 '식견'을 갖도록 한다. 문제가 실제로 가치 측면에서 정의된다는 점에서, 관심은 학습과정에서 그리고 지식의 습득 및 적용에서 인지적 요소와 정동적 요소 간의 불가결한 관계를 분명히 보여 주는 자질이다.

관심은 우리가 마음을 쓰는 이슈와 상황에 관련되는 정보로부터 생긴다. 관심은 정보를 갖춘 주의력을 통해, 훈련받은 집중력을 통해, 또한 교육자들이 심적·지적 발달에 필수적이고 결정적인 역량이라고 오랫동안 강조해 온 다양한 자질과 역량을 통해 개발된다. 효과적이고 활동적인 시민성에 기여하는 것이 관심이다. 또한 민주주의에서 시민성 실천의 핵심에 있는 것이 관심이다.

효과적인 민주 시민성은 공동체의 안녕에 대한 '헌신'으로 증명된다. 헌신은 지식과 가치의 적극적 종합이며, 시민-학습자로서의 행위주체성에 대한 의식과 역량의 증거다. 여러 교육철학자가 이 행위주체성 의식을 민주 사회의 책임 있는 시민교육에 필수적인 것으로 여겨 왔다. 헌신 역량과 행위주체성 의식—행동을 취할 역량—이 비판능력을 가르치고 가치 부정 문제에 대한 자각을 일깨우는 데 필수적인 근거다.

헌신은 가치 목표에 도달하려고 끊임없이 노력하고 관심 분야의 정보를 계속 추적하는 것으로 증명된다. 그것은 배려의 행동화이기도 하다. 적극적 헌신과 사회적 책임이 개인 영역뿐만 아니라 국제사회 영역에서도 인도적 관계의 가치를 표명하고 유지하는 자질이기 때문이다. 헌신은 직접 접촉하지 않을 때도 우리와 상호 연결된 사람들에 대한 배려를 보여 주는 것이다.

아직 네 번째 자질이 남아 있다. 필자는 이를 '응집력' 또는 '화합'이라 부르는데, 일상적인 말로 '뭉치는 것'이라고 요약할 수 있다. 이는 배려, 관심, 헌신—정동적 요소, 인지적 요소, 활동적 요소—을 통합하려는 의식적인 시도다. 응집력을 통해 개인은 관계·시민성·관리책임에 대한 경험에서 의미를 발견한다. 그것은 개인의 전체성과 지구의 전체성에 기여한다.

역량 개발의 영역

이러한 포괄적 평화교육 틀의 실현 가능성은 그 발달 측면과 구조 측면에서 가장 쉽게 알아볼 수 있다. 이 장에서 서술한 각 역량의 개발은, 실제로 실천적인 평화교육의 프로그램 활동에 기본이 되는 틀로서 사용되어 온 경험의 영역과 직접 관련된다. 그와 같은 프로그램들은 교육과정 지침에서 묘사한 누룩운동 그리고 패트리샤 워시번Patricia Washburn과 로버트 그리본Robert Gribbon의 『분열 없는 평화조성: 집단적 무관심과 분노를 넘어서 Peacemaking Without Division: Moving Beyond Congregational Apathy and Anger』(1986)에 소개된 평화조성 접근법에 서술되어 있다.

이러한 실천적 접근법은 세 층위—개인personal, 공동체적 대인관계inter-personal, 세계적 초개인transpersonal—를 가진 학습 및 행동에 대한 분석 틀을 제공한다. 필자는 경험과 학습을 강조하고 어떠한 위계적이고 순차적인 어감도 피하고 싶기 때문에 이 셋을 학습의 '영역들'이라고 지칭할 것이다.

발달 측면에서 배려 역량은 개인에게 초점을 맞추며 개인이 사랑주체와 인식주체로 성장하는 데 투영된다. 따라서 개인의 영역에 해당된다. 이 역량의 개발은 자기의 가치와 특별한 재능을 인정하도록 하는 긍정적인 자아 개념에 그리고 다른 사람에게 자기 재능을 기부하면서 자기도 그것을 즐기는 역량에 크게 의존한다. 긍정적 자아상과 건강한 자존감 개발이 유아기와 초등학생 단계에서 최고의 평화교육을 실시하는 데 필수적이다.

관심 역량은 개인이 사회적으로 발달하는 가운데 생겨나며, 주로 공동체 영역을 포함한다. 이 영역에서는 가족, 국가, 민족, 종교에 이르는 공동체 및 사회집단의 성원이라는, 궁극적으로 인간 종의 일부라는 자아의식과 함께 대인관계가 발달한다. 이 영역에서 누룩운동 프로그램은 학습자가 일상적인 삶에서 직접 경험하는 사회적·정치적 이슈에 관한 교육에 초점을 두고 있다. 이 영역은 자아가 시민이 되면서 평가 및 비판 능력과 정보 수집 능력 같은 특정한 능력과 기법을 습득하고 발전시키는 무대이기도 하다.

헌신 역량은 누룩운동에서 '구조적 관점'이라고 말한 영역을, 워시번과 그리본이 '세계적 초개인'이라고 말한 영역을 망라한다. 그것은 학습자가 경제구조와 같은 사회 현실의 구성 요소들에 대한 추상화된 개념을 기능적으로 올바르게 인식할 것을 요구한다. 헌신은 직접 모르는 사람들, 즉 다른 문화와 세계의 다른 지역에서 온 사람들이나 다른 시대의 사람들을 인간으로 생각하는 능력을 요구한다. 또한 학습자 자신이 경험하지 않았던 인간의 상태에 대한 공감을 의도적으로 불러일으키는 것을 필요로 한다. 물론 행동으로 이끌 만큼 강한 공감을 요구하는 상태의 원인을 상호관계 및 구조 측면에서 이해하는 분석 역량도 필요하다.

오늘날 상당히 많은 평화교육이 이러한 목적을 지향하지만, 필자의 생각에는 대안적 사회구조에 대한 구조적 분석 또는 훈련된 연구를 경험할 기회를 충분히 제공하지 못하고 있다. 또한 행위주체 의식 또는 많은 사회교육자가 '정치 효능감'이라고 지칭한 것을 개발하려고 설계된 프로그램이 폭넓게 다양하다. 정치 효능감은 교육을 통해 개발될 수 있는 상태 또는 태도로 인식되며, 정치 효능감을 갖는 것이 성숙함의 한 속성으로 여겨진다.

한 예로, 평화교육의 주요한 목표—사람들이 지적으로나 사회적으로 성숙해지도록 인도하는 목표—는 교육 일반의 목표로도 인정되는데, 다만 평화교육은 정치 효능감을 참여는 물론이고 개혁으로 치환한다는 차이가 있다. 헌신의 영역이 변혁을 낳을 수 있는 행동과 행위를 고취하는 데 발달 측면에서 가장 중요하기 때문에, 현재 세계적이고 초개인적인 헌신 역량의 발달에 기여하고 있는 구체적인 교육과정과 실천들이 이미 실행되고 있음을 확인할 수 있다는 것이 용기를 북돋운다.

워시번-그리본의 접근법은 보다 발달적이며 인간의 경험에 초점을 맞춘다. 그들은 세 영역을 '개인적(자기 중심으로 살기)', '대인관계적(공동체에서 살기)', '초개인적(공동창조자co-creator로서 살기)'으로 묘사한다. 그들은 개인적인 것과 사회적 발달 과정, 즉 필자가 화합의 영역에서 말했던 측면에 대해 귀중한 통찰을 주었다. 누룩운동의 접근법은 보다 구조적이고 분석적이며, 교육과정 지침에 나와 있듯이 중등학교 교실에 구조적 분석을 도입하는 유용한 방법을 제공한다.

두 접근법은 필자가 과정학습으로 범주화한 교육 개념에 근거하고 있다. 그들은, 교육 일반에 전형적인 순차적이고 위계적인 패턴을 강요하는 대신에, 학습자들이 성숙 과정에서 여러 발달 영역으로 들락날락하는 것을 인정하며 현실로 다룬다. 그래서 학습을 유기적이고 유동적인 현상으로 여긴다. 필자가 보아 온 다양한 교육과정은 물론이고 이 두 접근법은 이러한 질적 요소와 영역의 개념들을 특정해서 바로 확인될 수 있도록 구체적으로 평화교육에 적용한다. 따라서 변혁적인 과정학습은 교사들 누구나 수행할 수 있는 것이라고 확신하게 한다.

떠오르는 기회
제도적 요소와 변혁적 요소의 융합

많은 대학교에서 평화학의 학위 과정이 확립되고, 핵 시대 교육과 평화교육이 정말로 수많은 초·중등학교에 도입되고, 평화교육에 대한 수많은 저서와 논문이 발표되는 등, 분위기는 평화교육이 모든 교육적 실천에 중대한 변화를 가져올 중요한 영향 요소로 부상할 만큼 무르익었다. 미국 평화연구소와 유엔 평화대학의 설립 등으로 이 분야가 공인된 것은 그간의 인정 투쟁이 결실을 맺은 것이다. 그것은 평화교육이 필요하고 실제적인 것으로 인정받기 위한 새로운 단계의 투쟁으로 나아갈 제도적·학문적 기초를 마련해 주었다. 필자는 이런 기관들이 번성하기를 희망하며, 또한 실질적 과제를 넘어 변혁적 과제로 나아가고 평화를 위한 더 큰 투쟁을 그토록 방해해온 도구주의를 극복하는 학문적 모범이 되기를 진심으로 희망한다.

연구자들, 학자들, 평화교육자들이 평화학과 평화교육의 내용과 방법론에 대해 진지하게 고심하기 시작했다. 필자는 추구하는 변혁의 전체 성격 그리고 평화와 세계 변혁에 효과적인 교육의 질적 요소에 대한 탐구와 담론을 지금 시작하라고 그들에게 촉구한다. 그러한 담론을 통해야만, 아인슈타인이 "유례없는 대재앙을 향해 떠내려간다"고 말한 상황을 멈추는 데 평화교육자가 기여할 수 있다고 확신하기 때문이다. 아울러 필자는 우리에게 그러한 기여를 할 능력과 의지가 있다고 확신한다.

지구적 지상과제에 대한
혁신적인 관점을 지향하며*

평화지식출판사Peace Knowledge Press는 평화교육이라는 광범위한 분야를 설명하려는 원래의 시도에 대한 재검토가 실천가들에게 유사한 과업을 이어 가도록 용기를 북돋을 것이라는 희망을 가지고『포괄적 평화교육』의 재발간을 제안했다. 이 비상한 시대는 우리 활동의 기저를 이루는 개념과 가정에 대한 새로운 시각을 요구한다. 그리고 점점 더 위태로워지는 당면한 지구 상황에 더 적합한 새로운 평화교육 방식의 탐색을 요구한다.

포괄적 개념 틀을 제시하려는 최초의 시도는 평화교육을 구성하는 것에 대한 확정적인 연구가 아니라 상시적인 연구의 촉매로서 기획되었으며, 그렇게 기여했다고 믿는다. 지금의 목적은 21세기의 첫 20년간 실천해 온 평화교육의 후속 경향을 검토하는 것이다. 차세대 실천가들도 그렇게 할 것이라는 희망을 가지고 이 시대에 맞춰 구성된 연구를 진척시키는 것

 2019년판 서론 부분을 보론으로 정리했다(2020년 11월 수정).

이다. 그와 같은 상시적인 검토는 평화교육의 일관되고 항상적인 목적을 둘러싸고 역사적 맥락이 변화하므로 평화교육의 타당성은 물론이고 통합성을 유지하는 데 필수적이다.

이어지는 내용은, 『포괄적 평화교육』 발간 이후 평화교육의 틀과 실천에 영향을 준 조건들에 대한 필자의 주관적인 성찰이고, 지금 우리에게 닥친 극한의 긴급 상황이라고 간주하는 것에 대한 주장이며, 그러한 긴급 상황에 교육적으로 대응하는 가능한 접근법을 제안하는 것이다.

『포괄적 평화교육』을 구상하고 저술할 때 평화교육은 급성장하고 있었지만 정합성과 개념적 명료성은 아직 부족했다. 독자들이 1988년판 서문을 보면 알게 되겠지만, 전문 교육자들과 일반 시민의 이해와 지지가 초·중등학교와 교사교육에서 미약하고 제한된 위치에 있던 평화교육의 위상을 강화하는 데 필요했기 때문에 그들에게 평화교육을 하나의 분야로 더 쉽게 이해시키기 위한 공통의 준거 틀이 필요하다는 필자의 견해가 책에 영향을 주었다. 많은 부분에서 여전히 미약하고 제한적이지만, 일부에서는 이제 굳건한 토대 위에서 실천되고 있다. 현재의 정치적·사회적 요구의 맥락에서 시민의 지지와 실천가들의 열성적인 활동은 늘 그렇듯 1988년에 설정한 목표의 달성에 좋은 전조가 되고 있다. 하지만 2020년대에 접어든 지금 평화교육자들은 새롭고 훨씬 큰 도전에 직면해 있다.

현재의 도전들은 1980년대의 도전보다 규모가 더 크고 더 복잡하며 훨씬 더 긴급하다. 그것들은 평화교육이 더 넓고 더 깊어서 『포괄적 평화교육』으로 틀 잡으려 했던 다양한 실천보다 더욱 폭넓게 다양성을 품으라고 요구한다. 원래의 출간 의도는 우선 어떻게 개념화하고 설명하여 통전론적 정합성holistic cohesion을 확보할 것인가에 대한 상시적인 연구의 문을 여는 것이었다. 그다음은, 포괄적인 틀에 하나로 묶여진 다양한 접근법에 적절하고 합당한 교육과정과 교수법을 평화교육자들이 설계하고 개발할 수 있게 돕는 것이었다.

　동시에 이루어지는 평화지식출판사에 의한 재발간과 한국어 번역본 출간도 역시 이중의 목적을 갖고 있다. 첫째는 지난 30년 동안 많은 평화교육자들의 노력에 영향을 미친 개념상의 한계와 철학적 목적에 새로운 독자들이 익숙해지길 희망하는 목적이 있다. 더 중요한 두 번째 목적은, 1980년대에 희미하게 모습을 드러낸 이 시대의 긴급 상황에 대응한 새로운 연구를 고취하고, 1988년 당시처럼 원래의 틀에 통합된 실천으로써 할 수 있는 것보다 더 직접적으로 긴급 상황에 대응하는 교육과정을 설계하고 교수법을 창안하는 것이다. 『포괄적 평화교육』의 틀은 20세기 후반의 다양한 분야를 망라하는, 평화를 위한 교육에 대한 여러 접근법들 중 하나였다. 새로운 단계로의 진화를 내다보는 데 현대 평화교육의 역사와 실천에 관한 지식이 유용할 것이다.

　평화교육 분야와 그에 관한 평화교육자들의 생각은 지난 30년 동안

Reardon, B. 1988. *Educating for Global Responsibility.* Teachers College Press 참조.

Reardon, B. 2000. "Peace Education: A Review and Projection." In R. Moon, et. al., eds. *International Companion to Education*, Routledge 참조. 이 책 역시 2021년 평화지식출판사에서 재출간될 예정이다.

1988년의 그것보다 훨씬 진화했다. 『포괄적 평화교육』에서 정의하고 설명한 일반적인 개념적 기초와 연구의 실질적인 한계 내에서 최근까지 대체로 다루어졌던 여러 가지 이슈를 실천가들은 확인해 왔다. 평화교육은 다양한 시간과 장소에서 나타나는 다중적인 형태의 폭력이라는 현실에 항상 관심을 보여 왔다. 다양성은 수없이 많고 개별 상황에 특정되지만 사회적 불의(오늘날 인종 및 민족 간 정의를 위한 활발한 운동에서 특별한 절박성을 띠고 있다)를 포함한 모든 형태의 폭력을 감소시키고 궁극적으로 없애기 위한 학습을 어떻게 증진할 것인가라는 핵심적인 질문을 통해 세계평화를 달성하려는 공통의 관심사로 묶여 있다. 그러한 관심은 다양한 인간 불평등(성별 불평등 포함)에 대한, 그리고 최근 들어 환경 파괴 및 오염에 대한 전 세계적인 각성에서 생겨나고 있다.

필자는 새로운 도전이 무시무시하고 벅차기는 하지만, 현재 실천되는 평화교육의 풍부함이 잘 대처할 수 있게 할 것이라고 믿는다. 고강도 성찰을 요구하고, 대안적 사유를 유도하는 교육 방식을 조직하며, 활발한 변혁 행동을 위한 에너지를 배양하는 미증유의 관심사를 실천가들이 확인하고 직시할 것으로 기대한다. 그렇게 하려면 우리가 교육하고 있는 역사적 맥락을 명확히 이해할 필요가 있다.

『포괄적 평화교육』의 핵심적인 문제는 미국과 소련이 치열하게 세계 패권을 다투던 냉전이 끝나 갈 무렵에 개념화되었다. 냉전이라는 양극화

※ Snauwaert, D. ed. 2015. *Betty A. Reardon: A Pioneer in Education for Peace and Human Rights.* Springer.

된 세계 질서는 식민지 지배가 신자유주의적 경제 지배로 바뀌면서 선진국(북)의 지배를 유지했던 신식민주의에 대항하여 개발도상국(남)에서 일어난 해방 투쟁, 신자유주의 기획에 연루된 정권들의 극심한 인권 침해, 대량살상무기 제한 및 통제를 위한 조약과 포기 선언 조약을 이끌어낸 주요 시민사회의 핵무기 반대 운동 등으로 이어졌다. 또한 평화와 안보 문제에 대한 여성의 완전한 참여 필요성이라는 세계 여성운동의 목표가 '제2차 유엔 여성10년The Second UN Decade for Women(1985~1994)'에 처음 언급되었다.

이미 지적했듯이, 평화교육은 주된 문제를 전쟁 방지 및 궁극적 제거로 진단하는 것을 넘어섰고 이러한 모든 이슈의 맥락 속에 나타나는 여러 형태의 폭력을 포함하게 되었다. 그리고 이 폭력들은 상호 연관되어 있고 체계적이며(국가의 정책은 이 문제들을 여전히 개별적으로 분리해서 다룬다), 단순한 동시적 문제가 아니라 별개의 문제라는 생각을 점차 신봉하게 되었다. 다양한 세계적인 사태 전개가 증언하는 여러 형태의 폭력이 핵심 문제로 등장했다. 상호 연관된 문제들의 복합체로서의 폭력 그 자체가 1988년의 포괄적 평화교육 틀에서 핵심 개념이 되었고 교육의 실질적인 기초를 형성하는 문제를 진단하는 지표들의 주된 출처가 되었다.

그럼에도 많은 사람이 평화교육으로 여기는 것의 주요 초점은 여전히 전쟁 방지와 분쟁 해결이었으며, 사회 정의 이슈에는 약간의 관심만 기울였다. 사회 정의는 오늘날까지 평화교육과 본질적으로 구별되는 분야로

그 성과로 2017년 유엔 핵무기금지조약Treaty on the Prohibition of Nuclear Weapons이 의결되었다.

간주되는 인권교육의 영역이다. 생태학과 여성학에 대해서도 똑같은 이야기를 할 수 있는데, 국제평화학회(IPRA)의 평화교육연구회(PEC)와 관련된 일부 평화교육자들의 활동은 예외다. 하지만 1990년대에 이 이슈들을 포괄적 평화교육이 다루는 폭력 문제로 통합해 더 폭넓은 실천을 지향하는 몇 몇 조치가 취해졌다. 1990년대는 당면 평화 문제의 핵심으로 믿어지는 지구적 지상과제를 내포하는 위기로 그리고 21세기의 실천으로 이행하는 10년이었다.

오늘날 많은 평화교육과 평화학 프로그램에서 인권법, 젠더 정의, 생태 위기에 관한 단원과 강좌를 찾아볼 수 있다. 젠더 폭력의 다양한 형태와 심각성에 대한 인식 확대 그리고 젠더 정의를 달성하려는 일련의 국제 기준 채택이 평화교육에 영향을 주었으며, 이는 필자의 새로운 강의와 저술에도 담겼다.* 비슷하게, 지금의 문제로 이행하던 초창기에 일부 미국의 평화교육자들은 노르웨이와 러시아(당시 소련)의 동료들과 함께 환경 이슈를 공동 관심사로 삼아 생태교육과 협동교육에 기초한 교수법을 창안하는 데 착수했다.**

젠더 이슈는 그것의 어떤 변형에서라도 인종, 민족, 지리, 종교 및 정치 이념이 이전 시기에 그랬던 것보다 더 민감하고 미묘하지만 아마도 더 본질적이고 다중적인 관점을 평화교육에 가져다주었다. 생태학은 사유방식

* Reardon, B. 2001. *Education for a Culture of Peace in a Gender Perspective*. UNESCO.

** Nordland, E. & Reardon, B. eds. 1994. *Learning Peace: The Project on Ecological and Cooperative Education*. SUNY Press.

을 근본적으로 변화시킬 가능성을 가져다주었다. 그것은 직선적이고 구조적이며 인간 중심적인 사유에서 유기적인 것, 살아 있는 시스템, 지구 중심 과정을 지향하는 성찰로의 변화다. 이는 필자가 대안적 사유의 시작점으로서 가장 유망하다고 발견한 것이다. 젠더와 생태 모두, 어떤 평화교육자들에게는 여전히 본래의 포괄적인 문제에 대한 보완 요소일 뿐이다.

그러나 필자는 둘 다 평화교육이 다루어야 할 문제에, 특히 평화교육이 성숙하는 데 필수불가결하다고 믿는다. 확장되든 수정되든 대안적이든 간에 어떠한 포괄적인 틀에서도 젠더와 생태가 고려되길 희망한다. 지구와 그 살아 있는 시스템을 존속시키려면 반드시 직시하고 극복해야 하는 세 가지 지구적인 지상과제 중 두 가지가 그것들이라고 보기 때문이다.

필자는 이 두 지상과제를 '젠더 과제gender imperative'와 '지구 과제Earth imperative'로 명명한다. '젠더 과제'는 성차별·인종차별·식민주의를 포함하지만 이에 한정되지 않는 다양한 형태의 인간 불평등과 이를 빚어내는 난해하고 상호 연관된 세계 시스템을 인식할 것을 요구한다. '지구 과제'는 모든 살아 있는 시스템의 복잡한 상호 연관성 그리고 지구와 인류 사회의 본질적인 상호 의존성을 깊이 이해할 것을 요구한다. 젠더 과제는 우리의 모든 행동과 정책을 평가할 때 보편적 인간 존엄성의 실현 또는 부정에 어떤 영향을 미칠 수 있는지에 근거하라고 요구한다. 지구 과제는 인간 활동이 살아 있는 지구와 지구-인간의 관계에 어떻게 영향을 미치는지를 모두 의식하라고 요구한다.

『포괄적 평화교육』의 기본적 문제가 냉전의 맥락에서 설명되었기 때문에 세 번째는 현재의 지구적 문제에 대응한 지상과제이고 평화 교수법을 개발하는 데서 고려해야 하는 주요한 요인이다. 젠더 관점이 보편화되면서 페미니즘 교육과 같은 '젠더 과제'에의 교육적 대응이 출현했으며, 생태적 사유 내지 '살아 있는 시스템' 사유가 21세기 들어서 환경 위기의 해결 방안을 모색하는 기틀을 잡았다. 이 두 지상과제는 1990년대 말 총괄 개념으로서 도입된 '평화의 문화'에 내재된 더 포용적이고 통전론적인 틀 안에 자리 잡았다.

이제 '젠더학살gendercide', 종족학살genocide, 생태학살ecocide이 상상할 수 없는 비인도적인 범죄로 더 이상 여겨지지 않고 정치적 의도에서 행해지는 시대에, 우리는 이전의 개념 틀 대부분을 시험대에 올리는 거대한 폭력들을 목도하고 있다. 그것들은 우리에게 사실상 모든 익숙한 틀에 대한 대안을 강구하라고 요구한다. 또한 항상 증가하는 다양성에 대한 더 다양하고 더 복잡한 틀을 연구하도록 이끄는 완전한 통전론의 구성 요소에 대한 이전의 관념을 뒤흔든다. 이 대처하기 힘든 일에 직면해 환원주의로의 유혹이 커질 수 있겠지만, 이것이야말로 우리가 힘써 이겨 내야 하는 낡은 사유방식의 가장 큰 제한점이다. 확실히 우리는 구성 요소 각각과 모두를 명확하게 이해할 필요가 있지만, 문제의 핵심이자 본질인 상호 관계 전체를 결코 도외시할 수 없다.

세 번째 지구적 지상과제는 군축교육의 부활을 통해 평화교육으로 재

Peace Education: A Review and Projection 참조.

도입된 '무기 과제weapons imperative'다. 1980년 유네스코 군축교육 세계회의의 최종 문서에서 군축교육을 분명하게 정의하긴 했지만, 주요 강대국들이 극구 반대하여 채택되지 못했다. 1960년대 모든 군축 협상의 궁극적 목표로 언명되었고 전쟁 폐지의 필수 요건으로 이해되었던 '전면적이고 완전한 군축General and complete disarmament(GCD)'에 대한 논의도 그렇게 되었다. 2017년 유엔 핵무기금지조약에 이르는 몇 년 동안, 새로운 군비경쟁의 위험성이 대부분의 약소국과 관심 있는 세계 시민사회에 경종을 울려서 '전면적이고 완전한 군축'이 지속 가능한 안보를 위해 불가피한 일로 다시 부각되었다. 그 개념은 전쟁 폐지 수단으로 대안적 안보 시스템을 논의하는 데 언제나 빠지지 않으며, 광의의 평화 지식 분야에서 각광받고 있다. 이 책의 부록에 실린 일부 기관들의 노력이 평화교육에 대한 그리고 평화의 정치에 대한 그 개념의 관련성을 복원했다.

평화학습자들은 대안적 안보 시스템 확립에 필요한 구조적이고 체계적인 변화에 대한 연구를 통해 실제적이고 변혁적인 가능성을 접할 수 있음을 거듭 확인하게 되는데, 이 시스템은 군대에 의존하지 않고 인류 사회의 다양하고 복잡한 요구를 충족하는 제도를 고안하는 세계인의 협력에 의존한다. '무기 과제'는 우리로 하여금 인류 사회의 모든 영역, 모든 층위에서 폭력을 가하는 무기에 어디서나 접근할 수 있는 상황이 가져올 결과를 연구하게 할 것이다. 핵무기의 대량살상 가능성부터 핵무기 실험에 의한 생태 파괴, 과도한 군비 지출로 강요되는 인간 욕구 박탈, 경찰의 민간인 살해, 거리 언쟁과 가정폭력의 격화로 인한 살인에 이르기까지, 각종 무기가 세계 전역에서 날마다 큰 피해를 야기한다. 인류 사회가 무기류의 역병을 감내하고 그것이 저지르는 폭력을 정당화하는 한 평화는 가능하지 않다.

이상 세 가지 지상과제는 지구의 복합 위기를 직시하고 극복하는 데 규범과 실제 양면에서 윤리가 필수적임을 분명히 밝히고 있다. 윤리적 이슈가 언제나 평화교육에서 가장 중요하긴 했지만, 이 위기들은 평화교육에 대한 긴급한 도전이 제기하는 도덕적으로 가장 근본적인 문제를 제기한다. 이 위기에 관해 정치적으로 논쟁하는 상대방을 비롯한 모든 사람에 대한, 서로에 대한 우리의 책임은 무엇인가? 모든 것을 잉태하고 모든 생명이 의존하는 지구의 생명력에 대한 우리의 책임은 무엇인가?

이러한 질문은 평화 문제에 맞서는 데서 시민이 정치적 효능감을 갖게 하려고 분투하는 우리에게 늘 직면했던 것보다 더 높은 수준의 직업적 책임과 정치적 책임을 부여한다. 우리는 더욱 세계주의적인 학습을 끌어내고, 도덕적 용기를 함양하고, 실제 필요 이상의 소비를 포기하고, 시민의 논쟁 참여를 확대하는 새로운 논쟁 방식을 창안해 실천하고, '모든 생명'이 곧 '살아 있는 지구'인 것처럼 여기는 새로운 삶의 방식을 시작하기 위한 교육을 필요로 한다.

또한 『포괄적 평화교육』에 명시된 개념과 원칙에 따라 평화교육을 했을지도 모르는 세대와 전혀 다른 생각과 경험을 가진 세대에게 더 적합한 규범적·전략적 분석 능력을 추가로 개발하기 위한 교육도 필요로 한다. 책임 있는 세계시민이길 열망하고 이미 그렇게 행동하는 Z세대 학생을 가르치는 우리는, 생명을 긍정하는 신명 난 사회 질서를 성취할 역량의 제한을 극복하는 유례없는 전략을 창안해야 할 것이다. 이와 같은 사회 질서는 현재의 통치 세력이 반대하는데, 이들이 세계 각지에서 정치적 다름을 협력적으로 해결하기보다 전쟁하듯 파괴적 정쟁을 부채질하고 있다. 전쟁 제도 자체가 이러한 상황이 지금 제기하는 냉혹한 규범적·교육적 도전을 평화교육에 부과하지는 않았지만, 그렇다고 대안적 사유방식을 보여 줄 의무감이 너무 큰 우리 마음을 펴 주지도 않았다.

대안적 사유방식이 '폐기학습unlearning'이나 '재학습relearning'은 아니라는 점을 강조할 필요가 있다. 이것들은 습관 훈련을 제외한 모든 것을 위해 합성한 개념인데, 우리에게 실제 필요한 새로운 학습을 오도하거나 방해하는 것으로 밝혀졌다. 한 이슈에 대한 또 다른 관점을 위해 단순히 더 조리 있게 잘 기록된 사례를 만드는 것과 같은 대안도 마찬가지다.

대안적 사유는 그런 것들에서 벗어나는 것이다. 그것은 우리 모두가 학교에서 배운 직선적 논리와는 완전히 다른, 과정을 통한 대안적 틀로 사유하는 것이다. 그것은 현재의 공공 정책 형성에서 작용하고 있는 것과는 다른 개념적·규범적 도구로 사유하는 것이다. 이러한 사유는 공적 담론을 지배하거나 상대 주장을 허물어트리려고 준비하는 것이 아니며, 더구나 전통적인 논쟁을 위해 준비하는 것도 아니다. 그것은 공적인 자리에서 그리고 우리 교실 내의 학습 토론에서 모든 시민이 대화하는 방식 자체를 변화시키려는 준비다. 정치적 양극화가 평화교육자들조차 적대적 사유의 한계 내에 옭아맬 수 있는 '대립의 문화'를 어떻게 만들어 내는지 이해할 필요가 있다. 우리는 공동 관심사에 대한 논쟁에서 이기기보다는 더 큰 명확성에 도달하기 위해서 더 의도적으로 다름에 관해 대화해야 한다.

대안적 사유는 인종차별이나 성차별 같은 이슈의 교차성을 인정하는데서 더 나아간다. 필자가 '젠더 과제'를 내세우게 한 수많은 사람의 일상적인 억압 경험에 이 이슈들이 불가분하게 얽혀 있다. 우리는 억압의 체계적인 융합과 다양한 형태의 폭력이 무력의 뒷받침을 받아 지배 체제를 영속시키려고 어떻게 함께 기능하는지를 알아차리지 않으면 안 된다. '무기 과제'는 여기서 영감을 받은 것이다. 생명을 긍정하는 과정에서 변혁을 상상하고 추구하기 위해, 우리 현실을 완전하게 보기 위해, 통찰력과 상상력을 최대한도로 발휘해야 한다. 우리는 소비자로서 그리고 지구와 그 보물의 관리자로서가 아니라, 모두를 존중하고 지구를 숭상하는 문화 안에서 더 많은 사람이 존엄하게 살 수 있도록 하는 방식으로 우리 자신과 다음 세대를 위한 새로운 삶의 방식을 상상할 수 있게 될 것이다. 그 성취는 심오한 윤리적 성찰의 결과일 것이다.

우리가 모든 자원을 공유하고 소비를 제한하며 생물권과 그 안에 사는 모든 것에 대한 최고의 존중을 실천하는 교육을 하려고 한다면, 우리 교육자들은 그러한 제한을 공유하고 실천하는 법과 아울러 다른 생명체는 물론이고 '모든' 개인을 진정으로 존중하는 법을 스스로 배워야 한다. 우리는 광범위하고 긴급한 일들이 벌어지는 오늘날의 상황에서 비롯된 지구적 위기에 적절하게 대응할 수 있는 평화교육 발전의 다음 단계를 만들어 낼 수 있을까? 우리의 사유방식, 우리의 개인적 삶과 직업적 관행에서 현 세대와 다음 세대가 반드시 만들어야 하는 변화를 스스로 만들어 낼 수 있을까? 그것 말고는 생존 가능한 행성에서 인류 문명이 살아남을 수 있는 방법이 없다.

생명을 경외하고 인류의 책임을 피하지 않는 '지구 중심의 교수법 Earth-centered pedagogy'을 어떤 형태로 창안할 수 있을까? 더 치열하고 힘든 이 투쟁을 계속하는 동안 우리를 지탱해 줄 힘과 용기의 개인적 그리고 집단적 원천은 무엇인가? 우리 자신의 정치적 가정과 전문가적 주장(여기서의 제안 포함)이 또 우리의 행동과 관계가 젠더 과제, 지구 과제, 무기 과제를 어떻게 좌절시키거나 시현하는지 솔직하게 평가하면서 이러한 도전에 어떻게 대처할 것인가? 모든 형태의 생명 존중과 다양한 사유방식 등 인간의 다양성 존중을 입법화할 수는 있을까? 이와 같은 질문들이 현대의 책임 있는 평화교육 연구에, 그리고 이 글에 영감을 준 위압적인 두려움을 직시하는 데 필수적이라고 확신한다.

이러한 유례없는 도전들에 직면하여, 『포괄적 평화교육』의 한국어 번역과 원본 재발간을 환영한다. 우리의 토대에 대한 평가를 새롭게 하고, 지금 생기는 문제에 들어 있는 태도와 세계관을 주요 지상과제인 젠더·지구·무기의 관점에서 끈질기고 깊게 성찰하기를 기대한다. 또한 무엇보다 평화에 관한 까다로운 대화를 가능하게 하는 이성적인 관용의 기초로서 보편적인 인간 존엄성과 진실을 진정으로 존중하는 의식을 함양하기를 기대한다. 아마도 이 출판물들이 우리의 실존적 위기에 맞서고 우리의 두려

움을 직시하는 출발점, 평화교육 분야에서 미지의 영역을 탐구하는 출발
점일 수도 있다.

아시아의 평화교육 단체

- Asia-Pacific Centre of Education for International Understanding (APCEIU) under the auspices of UNESCO [http://www.unescoapceiu.org]
- Asian Peace Forum
- Center for Peace Education, Miriam College [http://www.mc.edu.ph/cpe]
- Northeast Asia Regional Peace Institute(NAPRI) [http://narpi.net]
- Peace Channel [http://www.peacechannel.in]
- Peace Studies Association of Japan [http://www.psaj.org/english/about-psaj]
- The Prajnya Trust [http://www.prajnya.in]

1988년판 부록의 목록은 모두 그대로 포함되어 있다. 그 목록은 1980년대 평화교육 발전사의 단면을 보여 준다. 이 문헌 중 많은 것이 이 책과 마찬가지로 평화교육 안에서 여전히 의미가 있다. 평화교육은 지금 꽤 널리 실천되는데, 지난 30여 년간 수많은 출판물과 행동 계획을 낳으며 크게 성장했다. 그래서 원래 목록을 세계 각지의 다양한 세대의 현역 평화교육자들이 선정한 목록으로 보강하고 갱신했다. 2020년에 모은 이 목록은, 이들이 1988년 이후 평화교육에 중요한 기여를 했다고 평가한 문헌 자료를 망라한다. 또한 20세기 중·후반에 『포괄적 평화교육』이 평화교육의 범위와 내용을 밝히려고 시도한 이후 여러 해 동안 평화교육의 발전과 보급에 중요한 기여를 한 조직체와 프로젝트도 원래의 목록을 보강하는 데 포함되었다. 목록에 추가된 조직체 등은 21세기 들어 동일한 일을 모색하고 있다. 이 목록은 평화지식출판사의 공동 편집장인 토니 젠킨스 Tony Jenkins가 2020년 11월에 엮었다.

평화 교수법 발전에서 중요한 목록(1988)

이 책에 반영된 생각들은 평화교육의 발전, 실체 및 목적에 대해 주관적일 수도 있는 특정한 견해를 나타낸다. 오랜 경험이 있는 다른 평화교육자들은 거의 틀림없이 다른 해석을 내놓을 것이다. 이 책의 대부분은 동료들과 수년 동안 담론을 나눈 결과인데, 이 담론을 통해 우리는 의견이 일치하는 점과 중대한 차이점을 명확히 확인했다. 하지만 필자에게는, 의견 교환이 변혁적인 평화교육을 위한 과정학습의 필수 요소라고 주장해 온 그런 토론이었다.

필자의 견해가 어느 정도는 특이하다고 인정하지만, 필자는 이 담론에 참여한 모두가 서로에게서 많은 것을 배웠다고 믿는다. 필자는 '선구자들'과의 교류하는 흥미로운 기회를 갖기도 했다. 대부분의 담론에서 필자는 질문을 던지기도 하고 이 분야의 독서로 영감을 받아 성찰했다. 그러나 안타깝게도 평화교육에 대한 문헌의 규모는 감당할 수 있을 만큼 여전히 제한적이다.

주석을 붙인 이 부록은, 현대의 국제적·초국가적인 평화교육 운동에 스며들어 있는 목적과 실체에 대해 더 많은 것을 배우려는 사람들에게 문헌을 추천하고 그에 대한 평가 의견을 제시하기 위한 것이다. 목록이 선별적임은 물론이다. 하지만 평화학과 평화교육 모두로부터 선별했다. 교육과정과 교재에 대한 주석은 이 책의 자매편인 *Educating for Global Responsibility: Teacher-Designed Curricular for Peace Education, K-12* (Teachers College Press, 1988)을 참고하길 바란다.

부록을 만든 것은 평화교육 이론에 관한 자료들을 한데 모아 일목요연하게 보여 주기 위해서다. 이들 중 다수는 현대 평화교육 운동의 교육학 및 이론의 토대라고 국제적으로 인정되고 있으며, 이들 모두는 필자의 평화교육에 관한 사유에 중요한 의미를 갖는다.

지난 20년 동안 학술지에 게재된 논문 중에서 이론적으로 상당히 중요한 연구가 간헐적으로 나타났다. 하지만 미국에서 발표된 논문 대부분은 실제적인 수업 계획 및 프로그램 설명 또는 평화교육이나 핵무기교육의 필요성을 강력히 주장하는 논의였다. 최근 핵전쟁 및 핵무기와 관련된 교육에 관한 논문이 쏟아져 나올 때까지, 평화교육에 관한 미국의 전문적 문헌들에는 분명히 정의할 수 있는 개념적 또는 이론적 경향이 없었다. 즉 이론 또는 개념 정의보다 근거 및 접근법과 더 많이 관련된 경향을 가졌다. 심지어 이론에 관련된 논문조차 대부분이 특정한 철학적 또는 신학적 접근에 기초하고 고등교육을 지향했다. 따라서 교육학 자체에 관한 자료는 한정되어 있다.

아마도 이 분야의 중요한 문헌 자료는 '평화연구·교육 및 개발 컨소시엄Consortium on Peace Research, Education and Development(COPRED)', 세계정책연구소World Policy Institute, '평화와 정의 연구소Institute for Peace and Justice' 및 '정의와 평화 교육위원회Justice and Peace Education Council' 등 같은 단체 및 기관의 간행물에서 찾아볼 수 있다. 최근 '사회적 책임을 위한 교육자 모임Educators for Social Responsibility'에서 발간한 간행물에도 몇몇 중요한 문헌 자료가 들어 있다.

반핵교육 분야에서 가장 중요한 간행물인, 미국에서 가장 명망 있는 교육 학술지들[*]의 특집호도 평화 교수법의 개념 및 이론에는 지면을 거의 할애하지 않았다.

그나마 이 주제에 관한 일관적이고 체계적인 문헌은 세계의 평화연구 공동체에 결합한 교육자들의 국제 네트워크에서, 그중에서도 주로 유네스코와 국제평화학회International Peace Research Association (IPRA)에서 나왔다. 유네스코 자료 중 특히 주목되는 것은 1974년 총회의 '국제이해, 협력, 평화를 위한 교육과 인권, 기본적 자유에 관련된 교육 권고(국제이해교육 권고)'와 1980년 군축교육 세계대회의 최종 문서다. IPRA에서는 평화교육연구회가 아마도 가장 중요한 자료의 원천일 것이다.

국제적인 정기간행물은 대부분 평화 관련 학술지들[**]다. 이 학술지들은 평화교육에 관한 특집호를 발간했다(여기서는 이론적 자료가 담긴 것만 포함). 그

※ *Phi Delta Kappan*, *Teachers College Record*, *Havard Educational Review* 등.

※※ *Bulletin of Peace Proposals*, *Prospects*, *Gandhi Marg*, *Journal of Peace Studies* 등.

런데 평화교육에 관한 책은 비교적 적게 발간되었으며, 그마저도 이미 발표된 논문 또는 여러 저자에게 특별히 의뢰한 논문의 모음집인 경우가 많았다. 이것들의 가장 중요한 원천은 유네스코(군축교육 세계회의 등)와 주요 평화교육자들[*]이다. 이 가운데 많은 것이 여기에 포함되어 있다.

다음에 이어지는 것은 국제적으로 찾아내고 선별한 출처 목록인데, 관련된 문헌에서 다루는 중심 주제와 교육적 이슈를 보여 주고 또한 평화교육자들에게 지난 20년 동안의 이론과 개념의 발전을 반영하는 문헌을 제공하기 하기 위해 주석을 달았다. 목록에는 저자나 출판사가 평화교육과 관계되는 것이라고 지정한 비종교적 출처만 담겨 있다. 국제교육, 세계교육, 다문화교육, 개발교육 등 더 광범위한 분야의 문헌은 포함되지 않았다. 종교적·교파적 출처에서 나온 자료도 포함되지 않았다. 종교적인 평화운동과 그 자료들은 차후의 연구 주제가 될 것이다.

문헌 목록은 세 개의 범주로 나눠진다. 첫째는 전문 학술지에 실린 획기적 이슈에 대한 서술이다.[**] 둘째는 이론과 방법론에 관한 주요한 저술, 팸플릿, 개별 출판물의 목록이다. 셋째는 연구 분야의 개념적 발전을 반영하는 평화연구 학술지의 목록이다. 이러한 출처들의 일부는 절판되었을 수도 있지만, 대학 도서관에서는 모두 찾아볼 수 있을 것이다.

오직 영어를 사용한 자료만 포함되었다. 이 목록이 부족한 것은, 세계

---

[*] Magnus Haavelsrud, Douglas Sloan, Christoph Wulf 등.

[**] 평화교육에 관한 중요한 이슈들의 종합적인 목록은 Peace Education Program, Box 171, Teachers College, Columbia University, New York, NY 10027에서 찾아볼 수 있다.

각지의 평화교육자들이 영어로 출판하긴 하지만 중요한 이론적 저술의 많은 부분이 다른 언어로 되어 있다는 사실에 대부분 기인한다. 네덜란드, 독일, 스칸디나비아 평화교육자들의 영어로 번역되지 않은 저술이 특히 중요하다. 다행히도 이들 나라 출신의 중요하고 국제적으로 알려진 평화교육자들의 저술은 주석에 들어 있다.

학술지 목록 중에 붙어 있는 별표(★)는, 그 뒤에 있는 '평화연구의 실체에 관한 자료'에서 관련 정보를 찾아볼 수 있음을 나타낸다.

학술지

Bulletin of the Atomic Scientists, Vol. 40, No 10, December 1984.

Special Section: Nuclear War: A Teaching Guide, edited by Dick Ringler.

교육과 초중등학교 교사에 초점을 둔 논문은 단 한 편(Alexander & Wagner)밖에 없다. 하지만 이 교육 관련 보론은, 대학교 및 대학원 수준에 맞춘 반핵교육을 짧지만 포괄적으로 개관할 수 있게 해 준다. 여기에는 학과 간, 학교 전체, 학교 간 프로그램은 물론이고 거의 모든 주요 학과의 프로그램을 설명하는 논문이 여러 편 실려 있으며 자료 목록도 있다. 자료 목록에서는 반핵교육과 평화학을 분명하게 구별하지 않는다. 전반적으로 가장 좋은 대학교 자료는 단연코 세계정책연구소가 발행한 『평화 및 세계 질서 연구: 교육과정 안내Peace and World Order Studies: A Curriculum Guide』 제4판이다.

Bulletin of Peace Proposals, Vol. 5, No. 3, 1974. International Peace Research Institute, Oslo.★

《평화 제안 공고Bulletin of Peace Proposals》는 평화교육에 초점을 둔 초창기 학술지의 하나다. 이번 호에는 평화교육에 관한 원저 논문이 세 편만 실려 있지만, 1972년부터 1974년까지 집필된 논문과 발표문 19편의 초록 및 개요도 실려 있다. 이 초록들은 1970년대의 평화교육에 대한 연구와 담론 그리고 이에 기여하던 학자와 교육자들이 가졌던 생각의 기반이었던 평화 교육의 실체와 방법론 이슈에 관해 정말 유용한 표본을 제공한다. 그것은 국제이해에서 의식화 운동까지 다양한 접근법에 대한 설명과 10개국의 관점을 제시해 준다. 원저 논문 중에는 동시대 평화교육자들에게 특히 흥미를 끌었던 로빈 리처드슨(영국)의 평화교육에 대한 분석이 있다. 이 논문은, 저자가 '보수주의적', '자유주의적', '급진주의적'이라고 지칭한 세 '목소리'의 영향을 받았다.

Bulletin of Peace Proposals, Vol. 10, No. 4, 1979. Special Issue on Peace Education, edited by Burns Weston.★

이 특집은 평화교육 운동이 진정 세계적인 단계로 발전한 것을 보여주는 좋은 예다. 10개국에서 기고한 13편의 논문은, 개발도상국의 빈곤과 관련된 구조적 이슈에 대한 관심은 물론이고 1970년대 초반 평화교육에 도입된 제3세계 관점에 대한 관심이 늘어나는 것을 반영한다. 또한 2편의 논문은 군축교육 접근법의 출현을 예측하기도 한다. 몇몇 논문은 평화교육에 사용되는 교수법적 수단들이 정치적인 목적과 일치해야 한다는 생각과 교육 방법론에 관심을 두고 있다.

Bulletin of Peace Proposals, Vol. 15, No. 2, 1984.★

가장 최근의 평화교육 특집호인데, 여러 이유로 주목할 만하다. 2편의 논문(Nigel Young, Abdul Al-Rubaiy et al.)은 평화교육의 진화에 대한 의식 확대와 자체 역사에 대한 의식을 반영한다. 이 특별호는 평화교육에 영향을 미쳐 온 변화하는 편향들의 본성을 알고 있음도 보여 주며, 중립성 이슈를 정면으로 다룬다(Burns & Aspelagh). 또한 평화교육 분야 내에서 얼마간의 갈등이 지속되어 왔고, 페미니즘 학자들이 평화교육과 평화연구에 관해 제기하기 시작한 문제들에 대한 대응을 비롯한 새로운 갈등이 생겼음을 반영한다(Brock-Utne). 이 특별호에는 10개국 저자들의 10편 원저 논문이 실려 있다.

Harvard Educational Review(HER), Vol. 54, No. 3, August 1984. Special issue: Education and the Threat of Nuclear War.

*HER*의 이번 호는 바로 다음의 '국제교육'를 특집으로 다룬 것과 함께 보면 좋다. 핵전쟁 회피라는 특정한 의미에서의 소극적 평화에 초점을

두고 있다. 그것은 핵무기의 의미와 위협, '핵무기보유주의nuclearism', '우리 문화에 대한 무기의 영향', '현실적인 교수 학습 접근법' 등에 관한 이론적인(비록 교육과정이론은 아니지만) 발상들의 적절한 조합이다. 루이스 토머스Lewis Thomas와의 인터뷰가 매우 중요한데, 모든 평화교육자들이 일독하길 권한다. 그것은 인류 발전의 현 단계에 맞추어 핵무기의 의미를 평가한다.

Harvard Educational Review, Vol. 55, No. 1, 1985. Special issue: International Education: Perspectives, Experiences and Visions in an inter-dependent World.

많은 측면에서 이번 호의 특집은 이전 호의 특집인 '교육과 핵전쟁의 위협'보다 평화교육에 대한 포괄적인 접근에 더 가깝다. 그것은 비판적 입장을 취하며, 세계적 관점에서 구상되고 완성되었고, 규범적 주장에 기초하는데, 각각의 논문은 국제 교육의 목적과 접근법에 필요한 가치들을 명확히 밝히고 있다. 이런 점에서 그것은 주류 국제교육에서 크게 벗어난 것이며, 지난 수십 년간 이 분야에서 가장 비판적이었던 평화교육과 아주 흡사하다. 무니르 파셰Munir J. Fasheh가 미국교육위원회에서 최근 발행한 국제교육에 대한 책의 서평에서 지적했듯이, 국제교육의 주류가 관련 있는 중대한 세계적 이슈를 회피하는 것 같다. 반면에 이 특집은 그 이슈들을 직시하고, 파셰가 국제교육에 요구한 그런 이슈들을 편집의 중심 주제로 삼고 있다.

이 특집에는 브라질, 엘살바도르, 폴란드, 탄자니아, 남아프리카 공화국에서 또는 그 나라에 관해 기고한 글들을 싣고 있으며, 관점은 물론 내용도 세계적이다. 포괄적 평화교육과 일치하는 접근이라는 면에서 가장 중요한 논문들 중 하나는 죠셉 쇼트Joseph Short의 개발교육에 관한 논문이다.

쇼트는 개발 문제에 대한 연구에서 제기된 가치 주제의 일부를 소개하고 "그러한 문제는 가치 명료화가 충분하지 않을 가능성과 가치의 근본적인 변화가 분명히 쟁점이 될 가능성을 높인다"(p.39)고 주장한다. 그의 논지는 대부분의 평화교육, 특히 적극적 평화, 사회 정의, 개발에 초점을 둔 평화교육의 기본적인 가정과 완전히 일치한다. 제1장에서 언급했듯이, 개발교육자들이 표출한 관심사에는 평화교육자들의 관심사와 동일한 것이 포함되어 있다.

> 개발교육자들은 시대에 뒤떨어지고 결함 있는 국가 간 시스템 내에서 일어나는 급속한 변화, 만연한 폭력 및 인간의 고난이 제기하는 교육적 과제의 절박성에 사로잡혀 있다. 그들은 느리게 움직이는 교육 시스템이 충분히 빠르게 적응하지 못할 것을 걱정한다(p.35).

적극적 평화 개념은 평화교육이 인종주의 문제에 맞설 것을 촉구한다. 남아공의 인종차별과 교육에 관한 어네스트 듀헤Ernest F. Duhe의

＊ Joseph Short, "Learning and Teaching Development," *Harvard Educational Review*, 55 (1): 34-45.

논문이, 인종 주의에는 세 가지 형태가 있으며 미국도 남아공과 공유하는 유럽 전통에 뿌리를 두고 있음을 분명히 밝히고 있어 이 이슈에 관해 많은 도움이 된다.

또 하나의 중요한 논문은 한나 부크진스카-가레비츠Hanna Buczynska-Garewicz가 폴란드의 '비행대학Flying University'에 관해 쓴 것이다. 폴란드 역사의 여러 억압적인 국면에서 교육자들이 제공했던 영감과 리더십에 대한 설명이, 긍정적인 인간의 가치를 지키기 위한 투쟁에서 교육이 할 수 있는 결정적 역할을 상기시켜 준다. 자신들의 활동에 언제든 위험이 따를 수 있음을 알게 된 평화교육자들은 그녀의 논평에서 버팀대를 찾아야 할 것이다.

> 이런 위험 때문에 용기 있는 교사의 귀감이 생겨났다. 용기는 이제 교사에게 필수적인 덕목으로 이해된다.…교육적인 과정에의 관여는 모두 특별한 도덕적 승인을 받았다(p.26).

The History and Social Science Teacher, Vol. 20, Nos. 3-4, Spring 1985. Special Feature: Peace Education.

캐나다에서 '사회교육 논평과 비판 저널'로도 발행된 이번 호는, 잘 알려진 캐나다의 활동적인 평화교육자 테리 카슨Terry Carson과 바버라 로버츠Barbara Roberts가 공동 편집했다. 여기에는 캐나다·미국·네덜란드에서 평화교육의 존재이유와 이론에 관련된 이슈들을 다루는 평화교육자들이 투고한 논문 10편이 실려 있다.

논문들 대부분이 반핵교육에 초점을 두고 있지만, 카슨은 「여는 글」에서 평화교육의 개념과 관심사를 적극적 평화의 영역으로 확장시켰다.

> 핵무기 이슈에 대한 우리 자신의 집착으로 인해 타인에 의해 고통받는 일상적 억압을 보지 못할 수도 있다. 하지만 평화를 정의와 연계시키면 평화에 대한 적극적인 구상을 발전시키는 기반이 마련된다(p.9).

이러한 적극적인 구상에 따라, 여성에 대한 폭력을 다룬 바버라 로버츠와 데이비드 밀러David Miller의 「여성에게 평화로운 세상: 젠더를 고려하는 평화교육A Peaceful World for Women: Peace Education Taking Gender into Account」을 포함시킨 것이 틀림없다. 그것은 또한 성차별적 억압, 군국주의와 전쟁 간의 관련성을 분석하면서 최근까지 발전한 부분을 반영하고 있다.

적극적 평화는 네덜란드의 평화교육자 레나르트 브리엔스Lennart Vriens와 로베르트 애스펠라그Robert Aspelagh가 쓴 「개인과 구조를 교호하는 평화교육Peace Education as Alternating Between the Person and the Structures」에서도 중심 개념이다. 이것은 매우 중요한 논문으로, 현대 유럽 평화교육의 기본적인 이론적 기반을 소개하고 새로운 이론적 정식화를 제안한다. 평화교육의 확고한 이론적 기초나 세계적 관점을 원하는 사람들은 반드시 읽어 봐야 한다.

이 논문은 월트 워너Walt Werner가 「평화교육 구상Conception of Peace Education」에서 제시한 북미의 일반적인 관점과 얼마간 대조된다. 그는 "평화교육이 무엇을 수반해야 하는지에 대해 의견일치가 없을 뿐이다"(p.29)라고 말한다. 그런데 그는 반핵교육에 대한 상이한 초점들만을 다룬다.

International Review of Education, Vol. 29, No. 3, 1983. Special issue: The Debate on Education for Peace, edited by Magnus Haavelsrud and Johan Galtung.

11개국 저자들이 투고한 논문 15편이 실려 있는데, 서유럽이 주축이고 동유럽 2명, 인도 1명, 라틴아메리카 1명이 있다. 북미의 한 저자(Stephen Marks)는 세계적 및/또는 유럽적 관점에서 더 많은 글을 쓰고 있다(아마도 여러 해 동안 유네스코와 함께 국제운동을 한 결과일 것이다). 따라서 이 학술지는 유럽 평화교육의 개념화, 문제 및 목표에 관한 최상의 단일 출처이며, 적극적 평화에 강조점을 둔다. 미국 문헌들보다 분석적이고 이념적 문제에 더 많은 관심을 기울인다. 하지만 분석 배경이 학교다. 이 논문들은 미국의 교육자들이 견고한 이론적 기반을 제공받고 평화연구 창시자 중 한 명인 노르웨이의 요한 갈퉁을 비롯한 이 분야 선구자들의 개념적 사유에 익숙해지게 할 것이다.

Peace and Change, A Journal of Peace Research, Vol. 10, No. 2, Summer 1984. Special issue: Peace Education for the Nuclear Age, edited by Mary E. Finn.★

'평화연구·교육 및 개발 컨소시엄COPRED'과 '역사에서의 평화연구위원회Committee on Peace Research in History(CPRH)'라는 두 평화연구단체 학술지의 이번 특집에는 북미 10명, 이스라엘 1명의 연구자가 쓴 논문 11편이 있으며, 세 부분으로 구성되어 있다.

첫째 부분은 "분쟁 해결: 핵 시대에 교육이 주는 영향"이라는 제하의 학술대회 발표문들로 이루어져 있다. 하나를 제외한 모든 논문이 핵 시대의 특정한 문제들보다는 분쟁에 훨씬 더 많이 집중한다. 메리 핀Mary E. Finn은 「서문」에서 국제교육과 평화교육의 연관성 및 유사성에서 주어지는 체험적 접근 가능성을 강조하는데, 이는 논의의 세계화에 도움이 된다. 그러나 핵 시대의 본질과 그 독특한 이슈에 대한 논의는 거의 없다. 하지만 모든 논문이 실질적으로 유용하며, 바버라 스탠퍼드Barbara Stanford의 「한계를 넘어선 사유Thinking Beyond the Limits」는 평화교육자들이, 특히 세계적 변혁을 평화교육의 목표와 틀로서 옹호하는 사람들은 반드시 읽어 볼 필요가 있다. 아마 평화교육 분야에서 지금껏 저술된 가장 중요한 7페이지일 수도 있는 이 글에서, 그녀는 우리가 세계에 관해 어떻게 생각하는지, 어떻게 그런 식으로 생각하게 되었는지, 인간사에 관한 변혁적 사유방식은 달리 없는지에 관해 포괄적이고 간단명료하며 단순하게 서술해 준다.

둘째 부분은, 교과서에서 다루는 핵무기와 전쟁에 관한 내용이 부족함을 지적한 논문 1편(Flemming)을 포함하긴 하지만, 역시 핵 시대의 근본적인 철학적·인식론 적 이슈를 직시하지 못한다. 그럼에도 태도와 가치에 관한 자료(Eckhardt)와 방법론에 관한 자료(Hazleton & Frey)들이 유용한 바탕이 되어 준다. 올리비아 프레이Olivia Frey의 「평화의 페다고지Pedagogy of Peace」는 평화교육자들에게 폭력 감소라는 목표에 일치하는 방법을 사용할 책임이 있음을 훌륭하게 논증한다. 그녀의 주장에 따르면, 방법은 학생 중심이어야 하며 학생들의 사고방식과 발달 단계에 대한 감수성을 필요로 한다. 메리 핀은 「평화교육과 교사교육Peace Education and Teacher Education」에서 '세계적 상호 의존성'과 '폭력적 분쟁'을 평화교육의 검토와 평가를 위한 개념적 범주로서 제안한다 (후자의 범주만 이 책에서 제시한 기준에 부합한다). 이런 범주들을 사용하여 그녀는 '세계적 관점 교육'과 '핵전쟁 교육'에 관련된 교육과정상 영역을 정의하고 각 영역의 몇 가지 하위 범주를 검토한 다음 학습 목표와 교수 역량에 대해 약간의 성찰을 한다. 그녀는 또한 교사교육의 현재 프로그램들을 검토한다.

셋째 부분은 로버트 긴스버그Robert Ginsberg가 편집했는데, 개념과 정의의 명료성을 추구하는 교육자들에게 가장 유용하다. 그것은 두 철학자(Gary Cox, Kate Kirkpatrick)의 성찰과 평화의 특유한 가치와 구성 요소를 담고 있다.

필자는 평화교육에 대한 이 논문 모음을 적극 추천한다. 이것은 반핵교육이 출현한 이후 미국에서 이루어진 가장 중요한 공헌이다.

Peace Research Reviews(PRR), Vol. 4, No. 1, March 1982.

*PRR*의 이번 호는 전쟁 폐지와 평화의 필요조건에 관한 발라흐상Wallach Awards 경진대회에서 수상한 5편의 소논문을 싣고 있다. 이 소논문들은 평화의 본질과 그 성취 방법에 대한 뛰어난 예지를 보여 준다. 미국 학자들이 평화의 구조적 필요조건 그리고 구조 형성에 필요한 정치 전략 및 과정에 관해 제안해 온 주요한 생각들의 개념적 바탕을 알려 준다. 그것들은 확실히 평화교육자들이 반드시 익혀야 할 중요한 것이며 고등학생들이 충분히 읽을 만한 것이다. 다음의 내용은 *PRR* 편집자들이 초록으로 실은 논문들에 대한 서술이다.

진 샤프Gene Sharp의 「전쟁 폐지를 현실적인 목표로 만들기Making the Abolition of War a Realistic Goal」는 비군사적인 민간 기반 방위를 현대 정치에 적용하는 데 관한 설득력 있고 고무적인 논문인데, 비폭력 저항이 성공한 많은 사례가 있다(p.2).

호머 잭Homer Jack의 「새로운 폐지The New Abolition」는 노예제 폐지를 성공적으로 끌어낸 원래 운동만큼이나 강력하고 열렬한 새로운 운동을 명확히, 긴급하게, 주저 없이 촉구하는 데서 발라흐상의 정신을 파악하고 있다. 그는 "새로운 형태의 노예제에 대항하는 새로운 폐지론은, 어떤 국가나 집단이 핵무기를 개발, 생산, 비축, 사용 위협 및 사용하는 것은 인류에 대한 범죄라는 단 하나의 명제에 근거하고 있다"고 말한다(p.24).

존 서머빌John Somerville의 「오늘의 평화 철학: 예방적 종말론Philosophy of Peace Today: Preventive Eschatology」은 오래된, 잊혀진 철학적인 학문인, 인간 세상의 종말에 대한 연구를 강화하는 혼란스런 논문이다. 예방적 종말론 개념은 알려진 사실을 대중이 아직도 믿지 않는다고 전제한다. 서머빌은, 문제는 교육적이며 기록된 사실을 충분히 믿을 수 있다면 사람들은 정치적 행동을 취할 것이라고 말한다. "이미 알려진 것을 거의 믿지 않는 데는 너무 많은 것이 신뢰할 만하지 않기 때문이다"(p.40).

발라흐상을 수상한 베벌리 우드워드Beverly Woodward의 「전쟁 폐지The Abolition of War」는 도덕적 성찰과 행동을 권유하면서 끝맺는다. 전쟁을 어떻게 폐지할 것인가의 문제는, 비록 지적 능력이 그 해결에 도움이 될지라도, 정확히 지적인 퍼즐을 맞추는 일이 아니다. 우리가 직면한 문제는 기본적으로 인간의 의지와 행동에 관한 문제다. 언제나 이런 조건에 처해진 않지만, 그것은 인간의 존엄성에 관한 문제다. 우리가 합심하여 전쟁 시스템과 그것이 수반하고 우리 종에게 불길한 조짐이 되는 모든 것에 대한 투쟁에 착수하지 못하면, 인류는 존엄성을 거의 내세울 수 없을 것이다(p.50).

도널드 키즈Donald Keys의 「전쟁 폐지: 무시된 측면The Abolition of War: Neglected Aspects」은, 끈질기게 군비경쟁으로 몰아 가는 '숨은 동력'인, 군국주의의 세계적 발흥의 배후에 있는 심리적 요인과 사고방식 요인에 대해 논의한다(p.72).

교육자들은 전쟁 없는 세상을 이미지화하고 평화 성취 시나리오를 개발하는 목적에 유용한, 1985년 4월 《크리스천 사이언스 모니터》

에 게재된 소논문을 찾아볼 수도 있을 것이다. 또한 『세계 법을 통한 세계평화World Peace Through World Law』(하버드대학교출판사, 1958)와 같은 국제 평화유지를 위한 제안과 유엔의 평화유지 활동에 대한 연구물도 추천한다.

ReSearch: The Forum Humanum Journal, Vol. 1, No. 2, 1984.

이 특별호는 평화교육과 평화운동에 바쳐진 것이며, 평화운동에서는 학습 경험도 다룬다. 개념 정의를 찾는 미국 평화교육자들에게는 근대 서구 철학에서의 평화 개념에 대한 논문(Falliero)이 흥미로울 것이다. 중등학교 교육자들은 젊은이들이 평화운동에서 찾고 있는 역량 강화 가능성에 대한 유용한 분석(Cela)을 발견할 것이다. 인류의 미래와 평화에 대한 보편적·세계적 관점에 관심 있는 모든 이에게, 로마 클럽과 포럼 후마니움Forum Humanum의 설립자인 아우렐리오 페체이 Aurelio Peccei의 두 논문이 흥미로울 것이다. 하나는 인류의 주요 문제를 구성하는 부정적 요인들을 직시할 교육의 특별한 책임을 명시적으로 다룬다. 다른 하나는 그의 유작인 「세기말 의제Agenda for the End of the Century」인데, 일련의 세계적 목표와 평화롭고 정의로운 세계 질서의 성취를 제시했다. 우리 관점에서 가장 흥미로운 점은 "비폭력 개념이 우리의 기본적인 문화적 가치 중 하나가 되어야 한다"는 주장이다 (p.97).

Social Education: The Official Journal of the National Council for the Social Studies, Vol. 47, No. 7, November/December 1983. Special issue: Nuclear Weapons: Concepts Issues and Controversies, edited by Betty Reardon, John A. Scott. and Samuel Totten.

사회교육자들을 위한 주요 학술지의 이 특별호는, 반핵교육이 출현한 정치적 분위기를 이해할 수 있는 유용한 배경은 물론이고 반핵교육을 위한 다양한 자원을 제공한다. 평화교육자들이 전쟁과 평화의 이슈를 둘러싼 논쟁과 그 이슈에 관해 교육하려는 활동에 대해 잘 아는 것이 매우 중요하다. '선택 사항Choices'를 발행한 미국교육협회NEA에 대한 공격을 다룬 이 특별호가 발간된 이후, 가치 분석과 군비경쟁에 대한 교육과정 등 평화교육에 필수적인 다양한 요소에 대한 공격이 정말로 빈번히 가해졌다.

'사회적 책임을 위한 교육자 모임'과 미국교육협회의 출판물(모두 여기에서 주석을 붙임)처럼, 이 특별호는 반핵교육에 대한 비난을 개관할 뿐만 아니라 반핵교육에 확실한 논거를 제공한다. 이에 더해, 견고한 교육적 근거와 약간의 구체적인 실천 수단을 제공한다. 평화교육자들에게 제안된 개념 틀(Jacobson, Reardon, Sloan)을 검토해 보라고 특별히 권하는데, 그것이 이 책이 옹호하는 접근법에 영향을 미친 것과 동일한 관점과 교육적 가정에서 생겨난 것이기 때문이다.

Teachers College Record, Vol. 84, No. 1, Fall 1982. Special issue: Education for Peace and Disarmament: Toward a Living World, edited by Douglas Sloan.

미국에서 가장 높이 평가받는 교육 학술지의 이번 특집은, 교육과 핵무기 경쟁을 특별히 다룬 최초의 시도였다. 그것은 평화교육을 20세기의 생존과 의미를 위한 투쟁의 정중앙에 자리매김한 뚜렷한 관점을 가지고 있다. 이 특집을 구상하고 기획한 편집자는 "평화교육의 일차적 과제는…의미 있고 삶의 질을 높이는 존재가 되기 위한 전인적 역량을 발휘하게 하는 에너지와 추동력의 참모습을 드러내고 이용하는 것이다"라고 주장한다(p.1).

논문들은 편집자가 평화교육의 필수 관심사라고 기술한 실질적 평화 이슈들, 즉 군비 축소, 비폭력적 방위 수단, 핵 동결 및 불간섭, 교육에 대한 관심, 철학적 차원, 행동주의, 평화아카데미(현 미국 평화연구소), 평화운동 비판, 민방위 등을 다룬다.

이것은 실제 교재로 사용할 수 있는 시나리오들과 해외 논문들을 포함한다는 점에서 다른 미국 학술지들의 특집과 많이 다르다. 아주 특별한 특색 하나는 르네 두보스Rene Dubos가 생전에 쓴 마지막 논문「모든 것에도 불구하고 생명과 낙관론을 찬미하는 교육Education for the Celebration of Life and Optimism Despite It All」이다. 두보스의 마지막 메시지만큼 강력한 평화교육의 존재이유는 없다.

도서, 팸플릿, 단행본 논문

Alexander, Susan. *Why Nuclear Education: A Sourcebook for Educators and Parents.* Cambridge, MA: Educators for Social Responsibility, 1984. (총 111쪽)

이 자료집은 반핵교육의 근거를 다루는 다섯 부분—핵 위협이 어린이에게 미치는 심리적 영향에 관한 연구, 반핵교육의 명분을 지지하는 다수의 논문, 전문직 단체의 결의문과 지지 서한, 일선 교사를 위해 간략한 주석을 붙인 자료 부분, *Bulletin of the Atomic Scientists*(December 1984)의 핵무기에 관한 수업에 대한 특집란 전문—으로 되어있다. 이 출판물은 실제 교육과정에 대해서는 약하고, 반핵교육의 근거 서술과 비판적 사유에 의한 접근법 설명 및 옹호에는 강하다. 그리고 핵무기에 관한 수업을 위한 교육과정을 선정하는 유용한 판별 기준을 제공한다.

Becker, James N. *Teaching About Nuclear Disarmament.* Bloomington, Ind.: Phi Delta Kappa Educational Foundation, 1985. (총 37쪽)

이 팸플릿은 반핵교육을 역사적 배경과 당대의 맥락 속에 놓고 보는 데 도움이 된다. 저자는 제1차 세계대전부터 현재까지의 평화운동과 평화교육을 간략히 개관할 수 있게 해 준다. 그는 제기된 이슈들 일부가 평화와 핵군축 문제를 학교교육에 도입하면서 생긴 결과라고 규정한다. 이 소책자는 교육자들을 위한 기본적인 참고문헌, 교육과정 자료의 주석 달린 목록, 관련 기관·단체 목록 등도 제공한다.

Brock-Utne, Birgit. *Educating for Peace*: *A Feminist Perspective*. New York: Pergamon Press, 1985. (총 164쪽)

이 책의 목적은 페미니즘적인 평화교육 이론을 제시하는 것이지만, 평화교육 전체 분야와 관련되어 명료하고 포괄적인 정의를 내린다. 저자는 페미니즘 관점이 많은 교육자가 평화교육에 적합한 유일한 틀로서 요구해 온 총괄적이고 통전론적인 접근의 기초일 것이라고 강력히 주장한다.

이 책은 평화교육의 무대이자 주제인 문화적 환경을 개념적으로 개관할 수 있도 록 잘 구성되어 있다. 저자는 문화가 강요하는 사회화와 학교의 가르침 모두를 날카롭게 진단하는 비평을 내놓는다. 그렇게 해서, 그녀는 전쟁을 영속시키는 사회적 현실을 보여 주고 우리가 평화를 위해 교육하면 변화하게 될 것들의 윤곽을 명확히 보여 준다.

특히 도움이 되는 것은, 그녀가 용어를 정의하고 우리의 사유방식과 가치의 중대한 변화에 결정적으로 필요한 가장 근본적인 것과 그녀의 가정을 명기한다는 점이다. 그녀는 우리 시대의 교육에 본질적인 의문을 제기한다. "우리는 어떻게 다시 생각하기 시작하는가? 그리고 우리는 사회 전체가 스스로를 재교육하라고 어떻게 가르치는가?"(p.72). 그녀는 "이것이 평화교육 스스로 설정한 과제다.…평화교육은 평화를…성취하는 사회적 과정[이다]"라고 말한다.

그녀는 주로 인간 평등과 비폭력 면에서 평화를 정의한다. 그런 다음 현행 교육 시스템과 사회화 과정이 이런 가치를 어떻게 소녀에게 는 권하면서 소년에게는 막는지 탐구해 간다. 그녀는 책 전체에 걸쳐 문제 진단의 구체적인 사례들과 이를 극복하기 위한 나름의 처방을 제시한다.

이 책을 평화교육 분야와 직면한 문제들에 대한 좋은 개념적 개관서로 추천한다.

Carpenter, Susan. *A Repertoire of Peacemaking Skills*. Boulder, CO: Consortium on Peace Research Education and Development, 1977. (총 60쪽)

이 편람은 지금도 적극적 평화 영역의 학습 목표 개발을 위한 가장 좋은 자료다. 전쟁의 물리적 폭력만큼 구조적 폭력도 평화에 대한 위험한 위험이라는 전제에서 시작해, 교육의 과제는 학생들이 평화조성 능력을 갖추게 하는 것이라고 간주한다. 그것은 평화교육에 대한 행동 지향, 행위자 지향 접근으로, 평화를 조성하는 행동에 참여하는 법을 가르쳐야 한다고 주장한다. 평화조성은 배울 수 있고 교육자들은 그것을 가르치는 법을 배울 수 있음을 분명히 보여 준다.

이것은 이론적 근거가 충분하고 그 가정에 대해 솔직할 뿐만 아니라 대단히 실용적인 견고한 저작이다. 필요한 능력을 열거하고 개발하는 방법들을 제공하며, 언제 어떻게 적용되는지 실증 사례를 제시한다. 한 평화교육자가 오직 하나의 자료만 취할 수 있다면, 이것이 그 하나다.

Carson, Terry. ed. *Dimensions and Practice of Peace Education*. Edmonton: University of Alberta, Department of Secondary Education, 1985.

이 책은 국제평화교육연구소의 설립에 앞서 1985년 7월 앨버타 대학교에서 열린 단기집중강좌의 교재로 편찬되었으며, 이 부록에서 주석을 단 학술지와 책에서 자료들을 선정해 모아 놓았다. 이 책은 최신의 평화교육 이론과 접근법에 대한 간결한 입문서로서 역할을 한다. 1974년 요한 갈퉁의 글과 1979년 《평화 제안 공고Bulletin of Peace Proposals》의 편집자 글을 제외하고는, 국제적이고 최근의 자료 모음이다. 자료들은 다섯 부분—「서문」, '평화의 적극적 개념과 소극적 개념', '군국주의와 비폭력적인 행동', '교실 상황에서 평화교육의 비판적인 맥락', '평화교육에서 교수법 문제'—으로 편성되었다.

　　이 책은 구조적 접근에 많이 기울어져 있으며, 소극적 평화 이슈에는 거의 중점을 두지 않는다. 어디에도 자료 분석을 위한 토론 문제나 제안된 틀이 없으며, 명시된 자료 선정 기준도 없다. 이러한 부수 자료들은 모두 교실에서의 토의로 마련되었다. 하지만 그 토의에 참여하지 않은 사람에게도 이것은 좋은 입문자용 자료 모음이 된다.

Genser, Lillian. ed. *Understanding and Responding to Violence in Young Children*. Detroit: Wayne State University, Center for Teaching About Peace and War, 1976.

이 소책자는 10여 년 전에 발간되었지만, 여전히 평화교육에 필수적인 (불행히) 유일무이한 자료다. 평화의 핵심 문제인 폭력의 중요한 측면을 분석하려는 미국의 교육자들에게는 몇 안 되는 출판물의 하나다. 그것은 우리의 과제가 단지 교육과정과 수업 방법을 개발하는 것보다 훨씬 크다는 것을 명백하게 하면서 우리가 일하는 문화적 맥락을 밝혀 주기 때문에 미국의 평화교육자들에게 특히 도움이 된다. 우리는 평화교육에서의 우리 일을 문화의 완전한 변화 필요성을 충족하는 데 불가결한 것으로 여겨야 한다. 그와 같은 변화 필요성은 이 소책자에 실린 글들에 잘 기록되어 있다.

칼라드Esther D. Callard는 어린이가 폭력적으로 태어나지 않음을 지적한다. 태아의 '발차기'부터 시작해서 아이들의 행동이 폭력적이라고 해석하는, 사회가 인식하고 대응하는 방식에 의해 일부가 사나워질 뿐이다. 그녀는 아이들의 폭력적인 행동과 아이들이 폭력적인 환경에서 사는 문제에 직면한 교사들이 책임을 부담해야 한다는 맥락에서 이 이슈를 연구한다.

왓텐버그William Wattenberg는 초등학생들에 초점을 맞추어 청소년의 폭력적 행동을 줄이기 위한 사회화 과정 변화에 관한 문제를 연구한다. 그는 아이들에게 증오와 폭력 대신에 재미와 따뜻함을 제공하는 해독제를 교육에서 발견한다.

　라비츠Mel Ravitz는 여러 형태의 학교 폭력과 군국주의 사이의 관련성을 확언한다. 다른 규범적인 주장들 사이에서 그는 다음과 같이 말한다.

> 미국에서 폭력을 감소시키기 위해 우리는 가정과 학교에서 우리 아이들을 이해 하는 방식을 바꾸어야 할 것이다. 우리는 아이들에게 지금보다 더 나은 비폭력 모델을 제공해야 할 것이다. 텔레비전과 우리의 일상생활에서 다른 우선순위를 장려하기 시작해야 할 것이다.… 미국에서 폭력을 감소시키기 위해 우리가 미국인의 경험과 미국 문화를 다시 만들 필요가 있을 것이다(p.71).

　이너드Wilfred Innerd의 워크숍 보고서는 모든 평화교육자가 다루어야 할 의제 목록을 만들어 냈다.

Haavelsrud, Magnus. ed. *Approaching Disarmament Education*. Guildford, England: Westbury House, 1981.

이 모음집은 대부분 1980년 파리에서 열린 유네스코의 군축교육 세계 대회를 준비하고 후속 작업을 하면서 얻은 결과물이다. 이 책은 국제 평화학회IPRA의 평화교육연구회PEC와 공동으로 발간했으며, 그 회원들이 주된 기고자다. 군축의 정치적 문제, 군축 연구, 군축교육 간의 관계에 관련된 많은 것을 다룬다. 평화를 위한 교육 내에서 군축교육의 역할을 개념적으로 명확하게 하려고 시도했지만, 그 이슈를 둘러싼 갈등과 논쟁 또한 분명히 드러난다(예를 들어 Aspelagh & Wiese, 「군축교육에 대한 최근 논쟁Recent discussions on disarmament education」, pp.1-7). 이것은 유네스코가 평화교육 모든 분야의 개념적 발전에서 중요한 역할을 해 왔음을 보여 준다. 이에 더해 군축교육과 평화를 위한 교육과 관련해 세계 각지에서 발견되는 별개의 접근과 입장들을 보여 준다.

Haavelsrud, Magnus. ed. *Education for Peace: Reflection and Action* (Proceedings of the First World Conference of the World Council for Curriculum and Instruction, University of Keele, UK, September 1974). Surrey, England: International Peace Commission and Technology Press, 1975.

20개국의 논문 30편이 실려 있는데, 유아기부터 대학교 그리고 학교 밖에서 이루어지는 평화교육의 실체적·방법론적 측면들을 다룬다. 기고자들은 자신의 문화적 관점에서 기본적인 문제를 분석한다. 예컨대, 평화교육은 무엇인가? 왜 필요한가? 어떻게 해야 하는가? 가장 필요한 곳은 어디인가?

이 책은 1974년 9월 영국 킬 대학교에서 열린 '교육과정과 지도를 위한 세계 협의회World Council for Curriculum and Instruction'의 제1차 세계 교육대회에서 나온 결과물이다. 단순한 결산물 이상으로, 이것은 국제분쟁의 실제적인 두 영역(즉 유엔과 국제평화아카데미)의 지도자들과 평화연구 및 교육의 선구자들(갈퉁, 프레이리, 그리고 브래드퍼드 대학교 평화연구프로그램 설립자인 아담 퀴리Adam Curie)이 쓴 논문들의 모음집이다. 이것은 1970년대 초반 세계 도처에서 평화교육 실천에서 좋은 입문서였고, 교수법에 대한 초기 이론적 작업(예를 들면 Diaz, Haavelsrud, Richardson, Ukita 그리고 나중에 평화교육에서 널리 발행된 모든 것)의 일부에서도 안내서였다.

Henderson, George. ed. *Education for Peace: Focus on Mankind*. Washington, DC: Association for Supervision and Curriculum Development(ASCD), 1973.

'누가 희망 없이 살 수 있을까?' 이 모음집의 서문 역할을 하는 부분에 인용된 샌드버그Carl Sandberg의 『그래, 사람들The People, Yes』에 나온 이 질문이, 이 책의 정신을 정확히 담아 내고 있다. ASCD의 1973년 연감인 이 책은 정말 획기적인 작업으로 간주될 수 있다. 그것은 '기관'에서 발행된 평화교육 분야의 첫 출판물이었다. 다소 마뜩치 않지만 필자는 이 책을 구성하는 논문들(Reardon, 1988에 서술한 1970년대의 몇몇 교육과정처럼)이 여전히 적합하다고 본다. 사실, 무엇보다도 모네즈Thornton B. Monez의 「평화를 위해 일하기: 교육에 대한 함의Working for Peace: Implications for Education」가 평화교육의 핵심 이슈인 폭력에 대한 기본적이고 필수적인 개념 입문서로 계속 쓰인다. 하안Aubrey Haan의 「폭력의 선행 사건Antecedents of Violence」은 이 이슈를 학교를 포함한 모든 사회 제도에 아주 명확히 관련짓는, 미국의 평화교육자들에게 필독 자료다. 또한 지금은 고전이 된 에스칼로나Sibylle Escalona의 「아동과 핵전쟁의 위협Children and the Threat of Nuclear War」과, 미국 사회에 그리고 더 평화로운 사회로의 변혁에 관심 있는 교육자에게 미친 베트남전쟁의 중요성을 반영하는 다른 글들도 실려 있다. 편집자가 쓴 「서문」과 마지막 장은 희망을 주는 요소와 이 책을 포괄적 평화교육의 틀 내에 위치지우는 요소를 반영한다. 작지만 중요한 이 책은 미국의 평화교육 자료집에서 빼놓을 수 없다.

Johnson, David M. ed. *Justice and Peace Education Models for Colleges and University Faculty*. Maryknoll, NY: Orbis Books, 1985.

이 책은 16명의 저명한 가톨릭 교육자들이 정의·평화교육에 관해 쓴 글 모음집인데, 이 분야에 대한 다양한 학문에서의 접근을 서술하고 있다. 가톨릭대학협의회의 부회장인 존슨David Johnson이 편집한 이 책은, 가톨릭 고등교육기관에서의 평화·정의교육의 발전사를 개관하고 이 교육기관들의 교수진이 개별적·집단적으로 설계하고 실행한 시범 프로그램들을 소개한다. 맨해튼 칼리지의 평화학 프로그램 개발 책임자인 파시Joseph Fathey가 쓴 실질적인 서문과 함께, 가톨릭 교육 환경에서 정의·평화교육을 왜, 어떻게 해야 하는지를 보여 준다.

이 책은 가톨릭 교육자들에게서 나오고 그들을 향해 있긴 하지만, 보통 말하는 학문들과 교육적 과정에 주로 관심을 둔다. 실린 글은 흔히 평화학을 체계화하는 학문적 범주를 반영하여, 네 부분―인문학, 사회과학, 전문적 분과학문, 학제적 강좌―으로 편성되었다. 이것들은 평화학이 대학교 교육과정 전체에 실질적으로 통합될 수 있음을 분명하게 실증해 준다.

이 책의 독자들에게 특별히 흥미로울 글은 해입트Mildred Haipt의 논문이다. 그는 교육학을 다루며 정의·평화 교육을 교사교육에 통합시켜야 할 당위성을 입증한다. 또한 그것을 어떻게 해야 하는지에 대한 몇 가지 구체적인 모델들(사회 분석, 문제 제기, 개념 주입)을 제시하고, '교수진을 위한 정선된 필독 자료'라는 아주 좋은 목록을 제공한다. 이것은 교육학교 교육자들에게 특별히 권한다.

Murray, Andrew M. *Peace and Conflict Studies as Applied Liberal Arts: A Theoretical Framework for Curriculum Development.* Huntington, PA.: Published by the author, 1980.

소극적 평화에 대한 갈등 연구적 접근에 대한 간략하고 유용한 이 입문서는 박사 학위논문으로 쓴 것이며, 기독교형제단과 교육목사연합이 평화학계를 통해 광범위하게 배포했다. 이것은 갈등과 협력의 과정을 분석하는 틀을 제공한다. 주제에 대한 가장 좋은 연구를 잘 개관하면서, 이 연구가 만들어 낸 개념과 지식을 모든 표준 교양과목들에 어떻게 도입할 것인지에 관해 구체적인 제안을 한다.

Nuclear Arms Education in Secondary Schools. Muscatine, IA: The Stanley Foundation, 1985. (총 22쪽)

이 소책자는 미국사회교과협의회National Council for the Social Studies, 인

디애나 대학 사회교과연구개발센터Social Studies Development Center of Indiana University, 존슨 재단Johnson Foundation이 후원했으며, 핵무기에 관한 수업을 하고 있거나 고려하는 중등학교 교사에게 필수적 자료다. 스탠리 재단Stanley Foundation(420 East Third St., Muscatine, IA 52761)에서 이용할 수 있다. 이것은 현재 할 수 있는 반핵교육의 내용과 이슈를 가장 간결하고 개념적으로 견고하게 또 빈틈없이 개관한다. 미국 사회교육자 대회의 보고서에 기초해 논쟁을 다루는 지침, 이슈 연구를 위한 기본 주제의 개요, 그리고 근거, 목표, 접근법 및 평가에 관한 제안이 담겨 있다. 핵전쟁 예방을 위한 교육의 필요성을 말하면서도 목표, 초당파적 방식, 정당한 조사 옹호에서 그 교육의 한계를 제시한다. 교사들은 이 소책자에 제시된 다음과 같은 수업 지침(p.5)을 철저히 고려해야 한다.

이슈는 반드시, 1. 학생들 그리고 가르치는 주제나 강좌에 적절한 방식으로 제시해야 한다.

2. 참여하는 학생들의 연령과 성숙도에 적합해야 한다.

3. 교직에서 중요하게 여겨야 한다.

4. 학교 또는 교실의 규율을 깨트리지 않아야 한다.

이슈 논의는 반드시, 1. 주제에 대한 다양한 관점을 제공해야 한다.

2. 정치화하지 않고 정보를 제공해야 한다.

이슈 논의는 반드시, 1. 정서적 트라우마를 부당하게 이용하지 말아야 한다.

2. 소외감이나 좌절감을 강화시키지 말아야 한다.

3. 이슈를 오직 하나의 관점에서 다루지 말아야 한다.

O'Hare, Padraic. ed. *Education for Peace and Justice*. New York: Harper & Row, 1983.

이 책은 주로 종교 교육자들에게 배경과 전문적 통찰을 제공하기 위해 만들어졌지만, 모든 평화교육자들에게도 방법과 목표에 대한 중요한 자료를 제공한다. 16명의 논문의 저자는 모두 가톨릭의 북미 종교 교육자들이다. 이들은 사회 정의를 평화와 불가분한 것으로 보는 가톨릭의 사회 독트린 전통과 사회 변화를 위한 학습자 중심의 교육을 결합시킨다. 사회적 목적과 교육적 수단 사이의 일관성이 필요함을 아주 강하게 강조한다. 종교교육 분야 이외의 분야보다는 오히려 신학이 더 유용하게 되겠지만, 정의와 평화에 관한 수업에 도덕 발달 이론을 적용한 것 그리고 존 듀이와 파울로 프레이리 이론들의 평화교육에 대한 적합성과 관계를 탐구한 것이 크게 도움이 된다. 이것은 어쩌면 공식 교육의 모든 수준에서 모든 일선 교사에게 필요한 읽을거리가 될지 모른다.

Reardon, Betty. *Militarization, Security and Peace Education*. Valley Forge, PA: United Ministries in Education, 1982. (총 93쪽)

이 책은 성인 교육을 위한 학습 및 토론 지침으로 여섯 부분으로 구성되어 있다. 또한 교사교육 강좌에서도 평화교육의 실체, 접근법, 목표에 대한 기본적인 입문서로 사용되어 왔다. 이것은 교육계에 정보를 주고 지지를 요청하여 초·중등학교에서의 평화교육 도입을 촉진하기 위해 만들어졌다. 군비경쟁에서 분명해진 군사화 과정과 그것이 군사적·경제적·사회적 측면에서 인류의 실제 안보에 가져온 결과의 맥락에서 전쟁과 불의 문제를 분명히 밝힌다. 그리고 인간 욕구와 전쟁 시스템에 내재된 욕구 충족의 장애물에 강조점을 두며, 적극적 평화와 소극적 평화를 통합하고 결부시키는 접근법을 취한다.

'군사화'는 개발해야 할 능력과 가치의 윤곽을 보여 줌으로써 평화교육에 총론을 제시하고 포괄적 평화교육에 필수적인 폭넓은 학습 목표들을 구체화해 준다.

각 부분 끝에는 평화교육을 위한 행동 준비에 필요한 성찰 과정에 도움이 되는 검토 및 논의 문제가 붙어 있다. 더 깊고 넓은 학습을 위한 자료들을 골라서 분류해 두었다. 가장 중요한 점은, 평화교육을 학교에 도입하기 위한 전반적인 계획과 구체적인 행동 전략을 제공한다는 것이다. 이 책과 교육과정 지침에 좋은 자매편이 된다.

Saperstein, David. *Preventing the Nuclear Holocaust: A Jewish Response*. New York: United American Hebrew Congregation, 1983.

이 훌륭한 자료는 전쟁, 군비경쟁, 핵무기 등에 대한 학습에 비교종교학적 접근을 하는 교육자에게 매우 유용할 것이다. 또한 핵 이슈에 대한 아주 좋은 출처가 포함되어 있다. 비록 유대인 관점과 이스라엘과 소련의 유대인에 관련된 문제 같은 유대인의 관심사를 강조하긴 하지만, 핵무기에 관한 자료 전체를 개관하는 데 관심 있는 교육자에게 유용한 일반적인 자료이기도 하다. 성서적이고 신학적인, 유대교 전통의 전쟁에 대한 가르침에 관한 정선된 글들에 더하여, 대부분의 주요 핵무기 정책 이슈에 관한 재출판본, 원본 및 기타 자료들도 제공한다. 또한 학습과 행동 제안들에 관한 광범위한 부분도 포함되어 있다. 그것은 대부분의 중등 학생 수준보다 높은 수준의 읽을거리지만, 교육자들에게 훌륭한 참고 자료다.

Stine, Esther. et al. *Education in a Global Ages: Public Education Policy Studies*. Dallas: United Ministries in Education, 1983. (총 33쪽)

이 짧은 단행본 논문은 평화교육자들에게 세계교육에 관한 가장 중요한 출처들 중 하나다. 이것은 건설적으로 비판적인 틀 내에서 유용한 서술적 서사를 제공한다. 명확히 가치에 기반을 두고 평화교육을 지향하는 틀이 세계교육의 근본 목적과 목표에 관련되는 이슈를 제기한다. 원래는 미국연합장로교회 프로그램기획국의 교육 및 리더십 개발 담당이 기안한, 연합교육선교 정책연구에서 세 가지 중요한 가치를 확정했는데, 바로 정의, 평화, 인권이다. 이 연구 논문에서 내놓은 이슈는 학교에서 세계교육을 발전시키고 있는 실천가들이 제기한 것이기도 하다. 《사회교육Social Education》 1986년 10월호 '세계교육 특집'과

1986년 11·12월호 '범위와 순서'를, 특히 10월호 특집을 편집한 크네프 Willard M. Kneip의 논문을 이것과 함께 읽을 것을 권한다. 이 이슈들의 초점이 평화교육은 아니지만, 이 이슈들은 세계교육 분야가 발전하는 중이라고 보는 더 규범적이고 변화 지향적인 접근을 반영한다.

Thomas, T. M., David Conrad & Gertrude Langsam. *Global Images of Peace and Education: Transforming the War System*. Ann Arbor: Prakken, 1987.

전쟁·평화 이슈와 현대 교육에 대한 도전에 관한 최근의 논문 모음집의 하나인 이 책은 교육개혁회Society for Educational Reconstruction가 후원했다. 미국 전역의 대학교 소속 저자들이 기고한 내용은 세 부분으로 대별된다. 첫째, 편집자 서문에 뒤이어 나오는, 변혁을 필요로 하는 상태를 다루는 '전쟁 시스템에서 평화와 정의로' 부분은 이 책의 윤리적 기반과 교육적인 권고의 규범적 목적을 소개한다. 둘째, '세계의식을 위한 교육' 부분은 의도적인 변혁 방식에 제시된 수업 접근법과 활동을 묘사하는 일련의 논문이 나온다. 셋째, '세계 공동체에 대한 관점들'은 교육의 변혁 과정을 구성하는 개념적 요소를 다루는 논문으로 이루어져 있다.

Wien, Barbara. ed. *Peace and World Order Studies*. 4th ed. New York: World Policy Institute, 1984.

1976년 폴 웨어Paul Wehr와 마이클 워시번Michael Washburn이 편집한 판본부터 시작된 시리즈물(1978년 Weston, Schwenniger & Shamis 편집, 1981년 Feller, Schwenniger & Singerman 편집)의 네 번째인 이 책은, 앞선 책들보다 훨씬 더 포괄적이다. 이것은 여성학 같은 새로 운 분야를 포함해 대학교에서 가르치는 거의 모든 학과목을 망라한다. 이 책에는 상세한 강의 계획서, 강의 개요, 참고문헌이 넘쳐나며, 학과에 따라 쉽게 찾아볼 수 있도록 정리가 잘 되어 있다. 피터 스콧Peter Dale Scott가 쓴 서문은 평화 분야의 대단히 규범적인 성격과 실체적·방법론적으로 정교해진 성장을 반영한다. 하지만 수록된 모든 글이 정교한 수준은 아니어서 그대로 고등학교에 적용할 수는 없다. 현대 미국 평화연구의 참고문헌과 최신 동향에 관심 있는 각급 학교 교사들에게 이 책은 필수적인 자료다. 이 책이 출판되면서 다섯 번째 판이 햄프서 칼리지(매사추세츠 애머스트)의 '평화와 세계안보 연구 프로젝트'의 후원으로 편집되고 있다.

Wilson, G. K. A *Global Peace Study Guide*. London: Housmans. 1982. (총 101쪽)

이 편람은 평화교육의 근거, 이론, 방법론에 의해 많은 것을 제공하지는 않지만, 훌륭한 평화교육 자료다. 이것은 평화연구의 전문용어, 이론, 역사적 발전에 관한 일종의 미니 백과사전이다. 개념 정의들의 풍부한 모음, 평화 개념의 역사적이고 문화적인 뿌리, 다른 자료 출처의 목록, 평화 학습의 연대 순 참고자료를 제공한다. 이 참고자료 하나만으로도 구매할 가치가 있다. 그렇지만 이 소책자는 실질적 저작이라기보다 참고 자료다.

Wulf, Christoph. ed. *Handbook on Peace Education*. Oslo: International Peace Research Association, 1974.

이것은 극히 중요한, 그런 종류로는 확실히 유럽 최초로 어쩌면 세계 최초의 책이다. 이것은 1972년 11월 독일 바트나우하임에서 국제평화연구협회와 세계질서연구소 및 몇몇 독일 연구단체의 후원 하에 개최된 '평화와 사회 정의를 위한 교육'을 주제로 한 국제회의의 산물이다. 발표자들과 주된 기고자는 세계 각지의 평화교육자들로 이슈에 대한 이념적 스펙트럼이 그리 넓지는 않지만 전 세계적 개관을 가능하게 한다.

첫째 부분은 개념에 관한 것으로, 과정학습 교수법과는 별로 관계없지만 이 분야에 여전히 중요한 주요 이슈를 아주 잘 개관할 수 있게 해 준다. 그리고 연구자와 교육자 간의 협동을 위한 초기 활동에서 생긴, 아직 완전히 해소되지 않은 긴장을 보여 준다. 갈퉁Johan Galtung, 멘델로비츠Saul Mendlovitz, 볼딩Elise Boulding, 무사코지Kinhide Mushakoji(현 유엔평화대학 부총장) 같은 기고자들은 예나 지금이나 세계 평화학계의 선도자다.

둘째 부분은 접근법에 관한 것으로, 국제 평화교육계에 여전히 잘 알려져 있는 니클라스Hans Nicklas와 오스터먼Anne Osterman만 나온다. 이들의 저작은 여기에서 주석을 단 일부 학술지에서 찾아볼 수 있다.

셋째 부분에서는 유럽과 미국에서 실천되는 평화교육이 보고되는데(칠레의 사례 1건 포함), 신생 학문 분야가 지금도 모㎢ 학문 분야인 국제관계 및 국제이해에 얼마나 강하게 뿌리를 두고 있는지 그리고 평화 조성 준비를 위한 구체적인 교육적 필요를 충족시키려고 해 놓은 일이 얼마나 적은지를 드러내 보인다.

학습과정에 관해서는 약하지만, 이 책은 여전히 개념상 매우 중요하다. 또한 평화교육 발전에 대한 역사적 중요성 때문에 평화교육에 관한 모든 진지한 자료집에서 결코 빼놓을 수 없다.

평화연구의 실체에 관한 출처

공식 부문에서의 평화교육 내용은 대부분 평화연구를 통해 만들어진 정보와 이론에 기초를 두었다. 평화교육자들이 평화 연구자들이나 평화 활동 및 평화 개발 실천가들과의 교류·협력 없이 평화 지식에 중요한 통찰을 더해 주기도 했지만, 그들은 평화교육에 대해 진정으로 포괄적인 접근을 개발하지 못한다고 필자는 생각한다.

연구와 공식 학문의 발전에 뒤처지지 않기 위해서 평화교육자들은 늘어나는 평화 학술지들 중에서 널리 알려진 다음의 학술지를 하나 이상 정기적으로 읽기 바란다. 이 목록은 컬럼비아 대학교 교육대학의 평화교육 전공 대학원생인 제임스Debora St. Claire James가 마련했다.

Alternatives. Quarterly, published by Butterworths, for the Centre for the Study of Developing Societies and the World Order Models Project, Guildford, England(address: Quadrant Subscriptions Services Ltd., Oakfield House, Perrymount Road, Haywards Heath RH 16 3DH, England).

이 학술지는 세계질서연구를 전체론적인 변혁적 관점에서 검토한다. 게재된 논문들은 정책, 선진국-후진국 갈등, 평화와 정의에 관한 세계적 이슈에 초점을 맞춘다. 이 학술지는 세계 문제들 사이의 상호 연관성을 검토하는 데 관심 있는 교육자들과 연구자들에게 흥미로울 것이다.

Bulletin of Peace Proposals. Quarterly, published by the International Peace Research Institute, Oslo, Norway(address: Publications Expediting Inc., 200 Meacham Ave., Elmont NY 11003).

이 학술지는 평화와 정의에 관한 현대의 국제적 이슈를 추적한다. 기고자들인 국제 평화연구자들과 교육자들은 더 평화로운 미래의 가능성과 대안을 다룬다. 일반적으로 게재된 논문들은 교육자들에게 유용한 현재의 연구와 문제 분석에 대해 보고하는데, 평화교육에 관한 특집호들이 특히 흥미롭다.

COPRED Peace Chronicle. Bimonthly, published by the Consortium on Peace Research, Education, and Development(address: COPRED, c/o Center for Conflict Resolution, George Mason University, 4400 University Dr., Fairfax VA 22030).

'평화연구·교육 및 개발 컨소시엄COPRED' 회원을 위한 이 소식지는 COPRED의 다양한 네트워크에서의 사업, 활동, 보고서를 논의한다. 그리고 국내외 학술대회의 연간 일정표와 평화 이슈에 관한 최근 간행물 목록을 포함한다. 이것은 미국에서 현재 진행되는 평화 연구·교육·행동을 계속 접하기 바라는 사람들에게 중요한 소식지다.

Disarmament. Quarterly, published by the United Nations Department of Disarmament Affairs(address: Room DC2-853, United Nations, New York, NY 10017).

이 학술지는 군축에 관한 유엔의 각종 회의·계획·결의안을 망라한다. 유엔 대사들, 자문위원들, 산하기구 직원들이 기고하는 논문은 유엔의 역할, 국가들 사이의 관계, 군축 관련 개발 이슈 등을 다룬다. 군축 교육에 관심 있는 교육자에게 특히 흥미로울 것이다.

International Peace Research(IPRA) *Newsletter*. Quarterly(address: Clovis

Brigagao, Secretary General, International Peace Research Association, Rup. Ipu 26,

Bloco 2, Apto. 5, CEP 2281, Rio de Janeiro, R.J., Brazil).

이 소식지는 평화와 분쟁에 관한 소논문을 포함하지만, 대부분의 지면이 국제평화학회IPRA의 다양한 위원회와 세계 각지 평화연구자들의 보고서에 관한 뉴스에 할애된다. 또한 국제 평화 학술대회 및 세미나의 연간 일정표를 포함한다. 이것은 세계의 평화교육자와 연구자들의 작업에 관한 정보를 원하는 사람에게 중요한 안내서다.

International Peace Studies Newsletter. Quarterly, published by the

Center for Peace Studies, University of Akron(address: Center for Peace

Studies, University of Akron, Akron, OH 44325).

이 소식지는 평화교육자와 평화학도들에게 적합한 두세 편의 평화학 논문을 특별히 포함한다. 평화와 국제 이슈에 관한 다른 기관들의 프로그램 목록과 이 분야에서 곧 있을 학술대회와 이벤트의 간략한 일정표를 제공한다.

Journal of Peace Research. Quarterly, published by the International

Peace Research Institute, Oslo(address: Publications Expediting, Inc., 200

Meacham Ave., Elmont, NY 11003).

이 학술지는 분석 지향적이다. 문제 및 이론 관점에서 평화 이슈에 초점을 둔다. 수준 높은 이 학술지는 국제 평화연구자들의 당면 관심사인 시사와 관련된 이슈 등을 솔직하게 따진다.

Peace and Change. Quarterly, sponsored by the Committee on Peace Research in History and the Consortium on Peace Research Education and Development(address: Center for Peaceful Change, Kent State University, Kent, OH 44242).

이 학술지는 교육 및 역사 관점에서 평화 이슈에 초점을 맞추는데, 그 관점이 주로 미국적이다. 역사적 분석과 평화운동 및 평화교육의 발전에 관한 글들이 교육자들에게 특히 흥미로울 것이다.

Peace Research: *Canadian Journal of Peace Studies*. Published three times a year by the Canadian Peace Research and Education Association(address: Dr. M. V. Naidu, Professor of Political Science, Brandon University, Manitoba, Canada, R7A 6A9).

이 학술지는 캐나다 이슈에 중점을 두지만, 평화 관련 논문들의 스펙트럼이 넓기 때문에 미국의 학자와 연구자에게도 흥미롭다. 각 호에 캐나다평화연구교육협회Canadian Peace Research and Education Association(CPREA) 소식지가 동봉된다.

Peace Research Abstracts. Monthly, published by Peace Research Institute-Dundas(address: 25 Dundana Avenue, Dundas, Ontario, Canada, L9H 4E5).

이 학술지는 다양한 평화 및 분쟁 이슈에 관한 논문 초록을 방대하게 편찬한다. 색인을 10개 주요 주제로 나누어 달았는데, 각 주제는 350개의 하위 주제로 다시 나뉜다. 색인을 아주 잘 만든 이 학술지는 평화, 분쟁, 국제 지역학 분야에서 연구하는 누구에게나 중요한 자산이다.

평화교육 발전에서 중요한 목록(1988-2020)

이 목록의 갱신에는 평화교육자 바자즈Monisha Bajaj, 하벨스루드Magnus Haavelsrud, 젠킨스Tony Jenkins, 케스터Kevin Kester, 스누워트Dale Snauwaert, 빈터슈타이너Werner Wintersteiner가 많은 기여를 했다. 이들은 재발간을 위한 제안을 하면서 목록 선정 근거를 제시하거나 주석을 달아 주지 않았다. 편집자는 그들의 판단을 경험 있는 실천가의 판단으로 받아들이고 그들의 권고를 이 부록에 포함시켰다.

또한 국제평화학회의 평화교육연구회(PEC), 국제평화교육연구소(IIPE) 등이 평화교육 분야에서 중요한 역할을 계속하고 있지만, 1988년 이 책이 발간될 당시에도 활발한 영향력을 가지고 있었다는 점에 주목해야 한다. PEC는 1972년, IIPE는 1982년에 설립되었다. 이에 더해, 많은 평화교육자들이 인권과 환경의 본질을 그들의 실천에 충분히 통합시켜 왔음에도 이 목록이 평화의 전통적인 핵심 문제에 맞추어 구상되었음을 언급하지 않을 수 없다.

평화교육 발전에 주력하는 세계의 조직

Global Campaign for Peace Education(GCPE)

www.peace-ed-campaign.org

GCPE는 역사상 가장 큰 국제평화회의인 1999년 5월 헤이그 평화회의에서 출범했다. 국제평화국International Peace Bureau, 핵전쟁 방지를 위한 국제 의사회International Physician for the Prevention of Nuclear War, 핵무기에 반대하는 국제 변호사협회International Association of Lawyers Against Nuclear Arms, 세계연방운동World Federalist Movement이 발의한 호소에 응하여 100여 나라에서 약 1만 명이 모였다. 회의에서는 21세기에 전쟁을 폐지하고 평화의 문화를 창조하는 메커니즘에 대해 토론하고 논쟁했다. 수백 명의 시민사회 지도자들 그리고 유엔 사무총장 코피 아난, 몇몇 국가의 수상들과 노벨평화상 수상자들을 포함한 80여 명의 각국 정부 및 국제기구의 대표자들이 참가했다. "회의 참가자들은 평화교육 없이는 평화의 문화라는 비전을 성취할 수 없다고 결론 짓고서 평화와 인권교육을 모든 교육기관에 도입할 것을 촉진하는 캠페인에 착수하자는 공동 성명을 채택했다."

글로벌 캠페인의 비전 선포문은 그 본질을 정확히 담고 있다.

세계의 시민이 세계적 문제를 이해할 때, 분쟁을 건설적으로 해결할 능력을 가질 때, 인권·성평등·인종평등의 국제 기준을 알고 그에 따라 살아갈 때, 문

화적 다양성을 인정할 때, 지구의 통합성을 존중할 때 비로소 평화의 문화는
성취될 것이다. 그와 같은 학습은 의도적이고, 지속적이며, 체계적인 평화교육
없이는 이루어질 수 없다.

글로벌 캠페인은 상호 관련된 두 개의 목표를 추구한다.
1. 전 세계의 모든 학교에, 비공식 교육을 포함한 교육의 모든 영역에 평화교
   육을 도입하는 데 대한 대중의 인식과 정치적 지지를 확보하는 것.
2. 모든 교사가 평화를 가르치도록 하는 교육을 촉진하는 것.

International Institute on Peace Education (IIPE)

www.i-i-p-e.org

베티 리어던이 공동 설립자인 국제평화교육연구소(IIPE)는, 격년 여름
마다 여러 나라가 돌아가며 주최하는 일주일간의 합숙 체험 활동을
한다. IIPE는 평화교육을 가르치는 실천 경험과 이론의 교류를 촉진
하며 평화교육이 성장하는 데 기여한다. IIPE는 교육적인 실험, 공유
된 이슈에 대한 심층적인 협동 연구, 이론적·실천적·교육적 응용의 수
준 제고 등을 위한 공간을 제공하는 응용 평화교육 실험실로서 운용
된다.

1982년 컬럼비아 대학교 교육대학에서 출범한 이후, IIPE는 전 세
계로부터 평화교육 분야에 경험 있고 열망 있는 교육자·학자·직업인·
활동가를 모아 합숙에 기반을 둔 집중적인 학습 공동체에서 지식과
경험을 나누고 서로에게서 그리고 함께 배우도록 해 왔다. IIPE는 세

계 각지의 여러 대학교와 평화센터에서 격년제로 개최된다.

관계망과 공동체를 구축하는 기회이기도 한 IIPE는 현지local, 권역regional 및 국제international 수준에서 다양한 협동연구 프로젝트와 평화교육 행동 계획을 산출했다.

각 개별 연구소의 목표는 공동 후원하는 주최자, 그들의 지역공동체 및 해당 권역의 요구와 변혁적 관심사에 근거한다. IIPE의 교육 목적은 이론·실천·홍보 면에서의 더 넓은 평화교육 분야의 발전을 지향한다. 맥락상 관련된 이슈에 대한 중요한 학습과 교육적 접근에 더하여, IIPE는 세 가지 목적을 갖는다.

1. 평화교육의 상시적인 발전에 기여하기 위해 새롭고 도전적인 주제들에 대한 연구를 통해 평화교육 실체의 발전을 위해 조력한다.

2. 평화교육에 관여하는 비정부단체, 대학교, 정부기관 사이에 국제적인 전략적 기관 연합체를 만들어 냄으로써 교육개혁 계획의 수준을 높이는 것은 물론이고 평화교육의 실체와 실천에 대한 전문 지식 공유의 혜택을 증진시킨다.

3. 자원의 극대화를 위한 역내 협력, 교수법과 실체의 발전을 위한 협력, 그리고 평화교육의 내용을 구성하는 세계적 이슈에 대한 역내 관점의 신장을 장려한다. 이는 역내 조직들의 유의미한 관여를 통해, 그리고 해당 권역 출신이 50퍼센트(목표)를 차지하는 참가자들을 통해 성취된다.

Peace Education Working Group of the Global Partnership for the
Prevention of Armed Conflict (PEWG-GPPAC)

www.gppac.net/what-we-do/peace-education

시민사회, 실천가, 학계, 교육부 등의 대표들로 구성되는 GPPAC의 평화교육 실무 그룹은 국가 교육과정에서 평화교육을 인준받기 위한 로비 활동에 전념하는 조직이다.

2006년부터 세계 전역의 GPPAC 회원은 각국 교육 시스템의 주요 이해관계자와 가장 잘 관계를 형성하고 협동하는 방법에 관한 정보·능력·전략을 교류하기 위해 함께 일하고 있다. 그들은 평화교육 실무 그룹을 구성해 교육과정 필요조건(세르비아, 몬테네그로, 오스트레일리아, 키르기스스탄, 미국, 아프가니스탄), 교사 훈련(미국, 필리핀, 우크라이나, 몰도바, 트랜스니스트라), 국가와 지역을 넘어 사용할 교육과정 개발(가나/서아프리카, 미국, 키르기스스탄, 아프가니스탄)에 이러한 핵심 능력을 통합하는 일을 조력해 왔다. 이 실무 그룹은 독특하다. 시민사회, 교사, 학계, 교육부 및 관련 정부기관 대표들을 한데 모아 세계적인 복수 이해관계자 플랫폼을 만들어 냈다. 무엇보다도 이 실무 그룹은 평화교육 웹 세미나 시리즈를 개발했다.

Peace Education Commission(PEC) of the International Peace Research Association(IPRA)

www.iprapeace.org/index.php/peace-education-commission

국제평화연구회(PEC)는 현대의 학교, 대학교, 비정부단체에서 제공하는 다양한 형태의 평화교육에 초점을 두는 세계적인 연구 그룹이다. PEC 회원은 학생과 교사의 정체성, 학습 필요사항, 적용 이론, 교육과정 설계 같은 평화교육 실천을 구상한 경험, 쌍방향 수업, 교육 행정, 평화와 관련되는 학습 성과 등에 관해 검토·보고한다. 지구상의 모든 지역 그리고 우주까지 인류의 발길이 닿는 곳에서 평화를 만들고 이루는 데 그들 나름의 과제를 가지고 있다.

　　평화교육의 맥락이 지역마다 상이하다는 본질로 인해 PEC가 수행하는 연구의 초점이 광범위하다. PEC에 제시된 공통 주제에는 시민적 관여를 비롯해 평화의 맥락적인 개념, 무해한 분쟁 해결과 변혁, 생태계 지속 가능성, 인권, 사회경제적 정의, 다양성과 형평성, 성평등 관점의 평화 역사peace her/history, 회복적 정의 등이 포함되어 있다.

Peace Education Special Interest Group of the Comparative and International Education Society(CIES)

www.cies.us/page/TopicSigs

평화교육 특별관계자 그룹Special Interest Group(SIG)은 공통적으로 평화, 분쟁, 인권, 교육에서의 사회정의 등에 대한 연구에 관심 있는 국제비교교육학회의 회원으로 구성되어 있다.

Peace and Justice Studies Association(PJSA)

www.peacejusticestudies.org

PJSA는 평화 및 분쟁 연구 분야의 학자들이 모인 전문가 단체의 역할을 한다. PJSA는 학계, 교육자, 활동가를 모아서 폭력에 대한 대안을 탐구하고 평화 구축, 사회 정의 및 사회 변화를 위한 비전과 전략을 공유하는 데 전념한다.

Peace Counts

www.peace-counts.org/english

피스 카운트Peace Counts는 평화교육과 평화 저널리즘의 독특한 결합이다. 이것은 평화를 조성하는 개인들을 취재하기 위해 30곳이 넘는 분쟁 지역을 답사한 언론인들의 행동 계획으로 시작되었다. 보고서는 미디어에서 출판되었고 〈전 세계 평화 건설자Peacebuilders around the World〉라는 전시회를 기획하는 데 사용되었다.

피스 카운트 온 투어Peace Counts on Tour로 이 전시회가 분쟁 지역에서 개최되고 있다. 사람들에게 자신이 사는 지역과 나라에서 평화를 위한 행동에 나서도록 영감을 주고 격려하는, 성공적인 평화조성자의 모범 사례다. 전시회에는 훈련 프로그램이 동반되는데, 이는 특정 용도에 맞춘 멀티미디어 자료와 피스 카운트의 학습 패키지를 이용한다.

Peace Education Task Force, World Council of Comparative Education

Societies(WCCES)

www.theworldcouncil.net/peace-education-task-force.html

WCCES는 전 세계 비교교육학회로 구성된 상부 단체의 역할을 하며, 유네스코와 공식 자문 파트너 관계를 맺고 있는 비정부단체다. 1970년 5개 비교교육학회로 시작해 오늘날 회원 학회가 41개에 이를 만큼 성장했다. 대부분의 회원은 국가별 비교교육학회지만, 일부는 지역별 (오세아니아 비교국제교육학회, 인도양 비교교육학회 등)과 언어별(프랑스어권 비교교육 협회 등)로 조직되었다.

정보 자산

Where to Study Peace Education: A Global Directory

www.peace-ed-campaign.org/view/peace-education-directory-study-peace-ed

평화교육을 위한 글로벌 캠페인Global Campaign for Peace Education(GCPE) 은 국제평화교육연구소(IIPE), 톨레도 대학교 평화교육 행동 계획과 제휴하고 있으며, 평화교육 분야의 프로그램, 강좌, 워크숍 등에 대한 세계적인 안내책자를 최근 상태로 유지한다.

Peace Education Global Knowledge Clearinghouse

www.peace-ed-campaign.org/clearinghouse/

세계 각지의 평화교육 교육과정, 소식, 연구, 보고서 및 분석을 검색해 볼 수 있는 GCPE가 관장하는 데이터베이스와 더불어, 연구자, 정책입안자, 기부자, 실천가 등이 정보를 얻을 수 있는 지식 허브다.

Illustrated Peace Education Bibliography

https://www.peace-ed-campaign.org/view/peace-education-quotes-memes

GCPE가 늘어나는 참고문헌을 관리하는데, 평화교육의 이론, 실천, 정책, 교수법에 대한 관점들을 주석을 달아 첨부한다.

Global Peace Education Calendar

www.peace-ed-campaign.org/calendar/

이 연간 일정표는 GCPE가 유지·관리하는데, 무료 제출을 요청한다.

People of Peace Education

www.people-pe.ahdr.i-i-p-e.org

평화교육인People of Peace Education은 전 세계 평화교육자들의 삶과 일을 한눈에 볼 수 있게 함으로써 일반 대중에 대한 평화교육의 작업을 고양시키는 것을 추구한다. 프로필에서 다른 상황에서 일하는 평화교육자들의 동기부여, 도전, 성공과 통찰을 살펴볼 수 있다.

Mapping Peace Education

www.map.peace-ed-campaign.org

평화교육 매핑Mapping Peace Education은 GCPE가 조정하는 세계적인 연구 행동 계획이다. 누구에게나 접근이 개방되어 있으며, 분쟁·전쟁·폭력을 변혁하기 위해 상황에 적합하고 증거에 기초한 평화교육을 발전시키려는 세계 여러 나라의 공식·비공식 평화교육 활동에 관한 데이터를 찾고 있는 연구자·기부자·실천가·정책입안자를 위한 온라인 자산이다. 이 프로젝트는 유엔 지속가능개발 목표의 타겟 4.7 달성을 지원한다.

출판사 시리즈 도서와 단행본

Peace Knowledge Press(PKP)

www.peaceknowledgepress.com

평화지식출판사Peace Knowledge Press(PKP)는 GCPE와 제휴한 국제평화교육연구소(IIPE)의 출판사다. 평화 지식은 평화를 추구하는 모든 교육과 행동이 기초하는 토대다. 폭넓은 평화 지식 토대에 대해 아는 것이, 모든 형태의 폭력 극복에 극히 중요한 학습·연구·전략·제도를 설계하는 데, 세계시민적 책임성을 함양하는 데, 그리고 평화의 문화를 발달시키는 데 필수적이다.

베티 리어든이 필생의 사업으로 평화지식출판사의 출범에 영감을 주었다. 그녀가 평화 지식 분야의 네 가지 구성 요소—평화연구, 평화학, 평화교육, 평화행동—를 확정했다. PKP는 이 네 가지 구성 요소가 지식 토대에 별개로 기여하면서도 통전적으로 서로 연관되어 있다고 생각한다.

Information Age Press: Peace Education Series

www.infpagepub.com/series/peace-education

2006년 정보화시대출판사Information Age Press(IAP)가 평화교육 시리즈를 내기 시작했다. 그 시리즈는 현재 20권까지 나왔으며, 광범위한 주제를 다루고 있다. 정보화시대출판사의 시리즈에 포함된 주요 도서는 다음과 같다.

- Bajaj, M. ed. 2008. *Encyclopedia of peace education.*
- Brantmeier, E., Lin, J. & Miller, J. eds. 2011. *Spirituality, religion, and peace education.*
- Cannon, S. G. 2011. *Think, care, act: Teaching for a peaceful future.*
- Felice, C. D., Karako, A. & Wisler, A. eds. 2015. *Peace education evaluation: Learning from experience and exploring prospects.*
- Finley, L. 2011. *Building a peaceful society: Creative integration of peace education.*
- Galtung, J. & Udayakumar, S. P. eds. 2011. *More than a curriculum:*

Education for peace and development.

● Harris, I. ed. 2013. *Peace education from the grassroots*

● Howlett, C. & Harris, I. eds. 2010. *Books, not bombs: Teaching peace since the dawn of the republic*

● Iram, Y., Wahrman, H. & Gross, Z. eds. 2006. *Educating toward a culture of peace.*

● Lin, J., Brantmeier, E. & Bruhn, C. eds. 2008. *Transforming education for peace.*

● Page, J. 2008. *Peace education: Exploring ethical and philosophical foundations.*

단행본

Andreotti, V. de Oliveira, Mario, L., T. M. de Souza eds. 2012. *Postcolonial perspectives on global citizenship education.* Routledge.

Andrzejewski, J., Baltodano, M. & Symcos, L. 2009. *Social justice, peace, and environmental education: Transformative standards.* Routledge.

Bajaj, M. & Hantzopoulos, M. eds. 2016. *Peace education: International perspectives.* Bloomsbury.

Bekerman, Z. & Zembylas, M. 2012. *Teaching contested narratives: Identity, memory and reconciliation in peace education and beyond*. Cambridge University Press.

Bekerman, Z. & McGlynn, C. eds. 2007. *Addressing ethnic conflict through peace education: International perspectives*. Palgrave Macmillan.

Bey, T. & Turner, G. 1996. *Making school a place of peace*. Corwin Press.

Boulding, E. 2000. *Cultures of peace: The hidden side of history*. Syracuse University Press.

Burns, R. & Aspeslagh, R. 1996. *Three decades of peace education around the world*. Garland Publishing.

Bush, K. & Saltarelli, D. 2000. *The two faces of education in ethnic conflict: Towards a peacebuilding education for children*. Florence: UNICEF.

Cabezudo, A. & Reardon, B. 2002. *Learning to abolish war: Teaching toward a culture of peace*. Hague Appeal for Peace.

Callies, J., Reinhold, E. L. eds. 1987. *Handbuch praxis der umwelt: Und rriedenserziehung*. Schwann.

Carter, C. ed. 2010. *Conflict resolution and peace education: Transformations across disciplines*. Palgrave Macmillan.

Cole, E. ed. 1999. *Teaching the violent past: History education and reconciliation*. Rowman and Littlefield.

Danesh, H. B. ed. 2011. *Education for peace reader*. EFP Press.

Davies, L. 2003. *Education and conflict: Complexity and chaos*. Routledge.

Eisler, R. & Miller, R. eds. 2004. *Educating for a culture of peace*. Heineman.

Feuerverger, G. 2001. *Oasis of dreams: Teaching and learning peace in a Jewish-Palestinian village*. Routledge Falmer.

Fisch, S. & Truglio, R. eds. 2000. *G is for growing: Thirty years of research on children and Sesame Street*. Routledge.

Gevinson, S.,Hammond, D. & Thompson, P. 2006. *Increase the Peace: A program for ending school violence*. Heinemann Press.

Harber, C. 2004. *Schooling as violence: How schools harm pupils and societies*. Routledge.

Harris, I. & Morrison, M. L. 2012. *Peace education. 3rd edition*. McFarland.

Hicks, D. & Holden, C. eds. 2007. *Teaching the global dimension: Key principles and effective practice*. Routledge.

King, E. 2006. *Meeting the challenges of teaching in an era of terrorism*. Thompson Publishers.

Klaus, S. 2005. *Bildung in der weltgesellschaft: Gesellschaftstheoretische grundlagen globalen lernens*. Brandes & Apsel.

Lantieri, L. & Patti, J. 1996. *Waging peace in our schools*. Beacon Press.

McCarthy, C. 2002. *I'd rather teach peace*. Orbis Books.

McGlynn, C., Zembylas, M. Bekerman, Z. & Gallagher, T. eds. 2009. *Peace education in conflict and post-conflict societies*. Macmillan.

McGlynn, C., Zembylas, M. & Bekerman, Z. eds. 2013. *Integrated education in conflicted societies*. Palgrave, Macmillan.

Mirra, C. 2008. *United States foreign policy and the prospects for peace education*. McFarland.

Morin, E. 2001. *Seven complex lessons in education for the future*. Paris: UNESCO.

Nipkow, K. E. 2007. *Der schwere weg zum frieden. Geschichte und*

theorie der friedenspädagogik von erasmus bis zur gegenwart.
Gütersloher Verlagshaus.

Noddings, N. 2011. *Peace Education: How we come to love and hate
war*. Cambridge University Press.

Obrillant, D., Wulf, C., Saint-Fleur, J. P. & Jeffrey, D. eds. 2017. *Pour une
éducation à la paix dans un monde violent*. L'Harmattan.

Reardon, B. 2001. *Education for a culture of peace in a gender
perspective*. UNESCO.

Reardon, B. & Cabezudo, A. 2002. *Learning to abolish war*. Hague
Appeal for Peace.

Reardon, B. & Snauwaert, D. T. 2014. *Betty A. Reardon: A pioneer in
education for peace and human rights*. Springer.

Reardon, B. A. & Snauwaert, D. T. eds. 2015. *Betty A. Reardon: Key
texts in gender and peace*. Springer.

Salomon, G. & Nevo, B. eds. 2002. *Peace education: The concept,
principles, and practices around the world*. Lawrence Erlbaum
Associates.

Salomon, G. & Cairns, E. eds. 2010. *Handbook on peace education*.
Psychology Press.

Snauwaert, D. T. ed. 2019. *Exploring Betty A. Reardon's perspective on peace education: Looking back, looking forward*. Springer.

Tawil, S. & Harley, A. eds. 2004. *Education, conflict, and social cohesion*. UNESCO, International Bureau of Education.

Timpson, W., Brantmeier, E., Kees, N., Cavanagh, T., McGlynn, C. & Ndura-Ouédraogo, E. 2009. *147 tips for teaching peace and reconciliation*. Atwood Publishing.

Wintersteiner, W. 1999. *Pädagogik des anderen. Bausteine für eine friedenspädagogik in der postmoderne*. Agenda.

Wintersteiner, W., Spajić-Vrkaš, V. & Teutsch, R. eds. 2003. *Peace education in Europe: Visions and experiences*. Waxmann.

학술지와 학술지 논문

Journal of Peace Education

www.tandfonline.com/toc/cjpe20/current

평화교육연구회(PEC)가 주관하는 이 학술지는 다양한 교육적·문화적 환경에서 평화교육의 이론·연구·실천에 대한 토론을 촉진하는 논문을 게재한다. 이 학술지는 초학과적이고, 다학제적이며, 상호 문화적이다. 이론과 연구를 교육적 실천으로 연결시키는 것을 목표로 하며, 평화교육에 관한 독창적 연구, 이론, 교육과정 및 교수법을 발전시키는 데 전념한다.

In Factis Pax
www.infactispax.org

이 학술지는 평화교육과 사회 정의에 대한 온라인 학술지이며 동료 심사로 운영된다. 평화로운 사회를 이루고 평화와 민주 사회에 대한 정치적 도전과 폭력을 예방하는 데 가장 중요한 이슈들의 검토에 전념한다. 평화로운 사회를 이루는 데서 교육의 역할이 중요함을 강조하는 핵심 요인은 사회 정의, 민주주의 및 인류 공영이다. 우리는 이 중심 이슈들에 관련되는 주제에 관해 논문과 서평을 요청한다.

International Journal of Development Education and Global Learning
www.ucl-ioe-press.com/journals/international-journal-of-development-education-and-global-learning/

이 학술지는 개발교육에 관한 연구 성과와 현재의 논쟁 그리고 세계학습, 세계교육, 세계시민성 등과 같은 관련 개념을 게재하는 국제적으로 참조되는 학술지다.

학술지 논문 , 학술지 특별호

Bajaj, M. & Brantmeier, E. eds. 2011. Special issue on the politics, praxis, and possibilities of critical peace education. *Journal of Peace Education*.

Diaz-Soto, L. 2005. "How can we teach peace when we are so outraged? A call for critical peace education." *Taboo: The Journal of Culture and Education*, Fall-Winter, 9, 91-96.

Gur-Ze'ev, I. 2001. "Philosophy of peace education in a postmodern era." *Educational Theory*, 51, 315-336.

Haavelsrud, M. 2004. "Target: Disarmament education." *Journal of Peace Education*, 1(1), 37-58.

Novelli, M., Cardozo, L., Mieke, T. A. & Smith, A. 2017. "The 4Rs framework: analyzing education's contribution to sustainable peacebuilding with social justice in conflict-affected contexts." *Journal on Education in Emergencies*, 3, 14-43.

Zembylas, M. & Bekerman, Z. 2013. "Peace education in the present: Dismantling and reconstructing some fundamental theoretical premise." *Journal of Peace Education* 10 (2): 197-214.

참고문헌

Augros, R. & Stanciu, G. 1984. *The new story of science*. Chicago: Gateway Editions.

Beer, F. 1983. *Peace against war: The ecology of international violence*. San Francisco: W. H. Freeman.

Belenky, M., Clinchy, B., Goldberger, N. & Tarule, J. 1986. *Women's ways of knowing*. New York: Basic Books.

Boulding, E. 1976. *The underside of history: A view of women through time*. Boulder, CO: Westview Press.

Boulding, K. 1978. *Stable peace*. Beverly Hills: Sage.

Boulding, K. 1985. "Learning by simplifying complexity." *United Nations University Newsletter*, 8(3), 5.

Brock-Utne, B. 1985. *Educating for peace, a feminist perspective*. New York: Pergamon Press.

Brookfield, S. 1986. "Media, power and the development of media literacy: An adult educational interpretation." *Harvard Educational Review*, 66, 2.

Buergenthal, T. & Torney, J. 1976. *International human rights and international education*. Washington, DC: U.S. National Commission for UNESCO.

Carey, L. & Kanet, K. 1985. *Leaven*. Silver Springs, MD: Sisters of Mercy of the Union.

Carpenter, S. 1977. *Repertoire of peacemaking skills*. Boulder, CO: Consortium on Peace Research Education and Development.

Carson, T. 1985. "Relating peace education and social studies in an age of insecurity." *History and Social Science Teacher*, 20(3-4), 8-10.

Childers, E. 1985. *Presentation to Teachers College course on 'The United Nations and Development'.* Teachers College, Columbia University, New York.

Diallo, D. & Reardon, B. 1981. "The creation of a pedagogic institute of peace." *In Basic documents* (pp.195-197). San Jose, Costa Rica: The Presidential Commission for the University for Peace.

Eisler, R. & Loye, D. 1986. "Peace and feminist theory: New directions." *Bulletin of Peace Proposals*, 17(1), 95-99.

Feller, G., Schwenninger, S. & Singerman, D. eds. 1981. *Peace and world order studies: A curriculum guide* (3rd ed.). New York: Institute for World Order.

Frank, J. 1968. *Sanity and survival*. New York: Vintage.

Freire, P. 1973. *The pedagogy of the oppressed*. New York: Herder & Herder.

Galtung, J. 1969. "Violence and peace research." *Journal of Peace Research*, 7(3), n.p.

Giarini, O. 1985. "The consequences of complexity in economics." *United Nations University Newsletter*, 8(3), 7.

Gilligan, C. 1982. *In a different voice*. Cambridge, MA: Harvard University Press.

Hunt, M. & Metcalf, L. 1955. *Teaching high school social studies*. New York: Harper & Row.

Jacobson, W. 1982. "A generalized approach to societal problems." *Science Education*, 66(5), 699-708.

Jacobson, W. 1984. *Why nuclear education*. Paper presented at the Second Annual Nuclear Issues Conference, New York.

Jacobson, W., Reardon, B. & Sloan, D. 1983. "A conceptual framework for teaching about nuclear weapons." *Social Education*, 47(7), 475-479.

Johansen, R. 1980. *The national interest and human interest: An analysis of U.S. foreign policy*. Princeton, NJ: Princeton University Press.

Johnson, D. 1985. *Justice and peace education models for college and university faculty*. Maryknoll, NY: Orbis Books.

Johnson, R. & Johnson, D. eds. 1984. *Structuring cooperative learning: Lesson plans for teachers*. Minneapolis: Interaction Books.

Juniata consultation on the future of peace studies. 1986. *COPRED Peace Chronicle*, 11(6), 3-4.

Kniep, W. M. 1986. "Defining global education by its content." *Social Education*, 50(6), 437-446.

Kohlberg, L. 1983. *Psychology of moral development*. New York: Harper & Row.

Laor, R. 1976. *A competency based program for cooperating teachers in modeling behaviors designated to assist pupils in developing helping and caring values. Unpublished doctoral dissertation*, Teachers College, Columbia University, New York.

McIntyre, M., Tobin, L. & Johns, H. 1976. *Peace world*. New York: Friendship Press.

Macy, J. R. 1983. *Despair and empowerment in a nuclear age*. New York: Random House.

Marks, S. 1983. "Peace, development, and human rights education: The dilemma between the status quo and curriculum overload." *International Review of Education*, 29(3), 289-307.

Matriano, E. & Reardon, B. 1976. *A global community perspective on education for development*. Paper presented at Global Education Working Group, Chulalongkorn University, Bangkok, Thailand.

Mendlovitz, S. ed. 1982. *Studies on a just world order*. Boulder, CO: Westview Press.

Mische, G. & Mische, P. 1977. *Toward a human world order*. New York: Paulist Press.

Muller, R. n.d. *A world core curriculum*. Unpublished manuscript, University for Peace, San Jose, Costa Rica.

Murray, A. 1980. *Peace and conflict studies*. Huntingdon, PA: Author.

O'Hare, P. 1983. *Education for justice and peace*. Maryknoll, NY: Orbis Books.

Oliver, D. & Shaver, J. 1974. *Teaching public issues in the high school* (2nd ed.). Logan: Utah State University Press.

Reardon, B. 1982. *Militarization, security, and peace education*. Valley Forge, PA: United Ministries in Education.

Reardon, B. 1983. "Research agenda for a gender analysis of militarism and sexist repression." *International Peace Research Newsletter*, 21(2), 3-10.

Reardon, B. 1984. *The University for Peace: Curricular proposals and approaches*. Paper presented at the Triennial Conference of the International Association of University Presidents, Bangkok, Thailand.

Reardon, B. 1985. *Sexism and the war system*. New York: Teachers College Press.

Reardon, B. 1987. "Civic responsibility to a world community." In T. Thomas et al. eds. *Global images of peace* (pp.253-263). Ann Arbor, MI: Prakken.

Reardon, B. 1988. *Educating for global responsibility: Teacher-designed curricula for peace education, K-12*. New York: Teachers College Press.

Reardon, B. 1989. "Toward a paradigm of peace." In Linda Rennie Forcey ed.), *Peace: Meanings, Politics, Strategies*. NY: Praeger.

Rifkin, J. 1985. *The declaration of a heretic*. Boston: Routledge & Kegan Paul.

Schell, J. 1982. *The fate of the earth*. New York: Alfred A. Knopf.

Sharp, G. 1914. *Politics of nonviolent action*. Boston: Porter Sargent.

Sivard, R. 1985. *World military and social expenditures*. Leesburg, VA: World Priorities.

Sloan, D. 1982. "Toward an education for a living world." *Teachers College Record*, 84(1), 1-3.

Sloan, D. 1983. *Toward a recovery of wholeness*. New York: Teachers College Press.

Sloan, D. 1984. *Insight, imagination, and the emancipation of the modern mind*. Westport, CT Greenwood.

Stanford, B. 1976. *Peacemaking: A guide to conflict resolution for individuals, groups and nations*. New York: Bantam Books.

Thorpe, G. & Reardon, B. 1971. "Simulation and world order." *High School Journal*, 55(2), 53-62.

UNESCO. 1974. *Recommendation on education for international understanding, cooperation and peace, and education concerning human rights and fundamental freedoms*. Paris: UNESCO.

UNESCO. 1980a. *Final document of the World Congress on Disarmament Education*. Paris: UNESCO.

UNESCO. 1980b. *The status of and recommendations for disarmament education*(SS/80, Conf. 603). Paris: UNESCO.

University for Peace. 1985. *Memo on curriculum development*. Working document of the 1983 meeting of the Council of the University for Peace, Sap Josh, Costa Rica,

Vio Grossi, F. 1985. *Closing remarks*. Address delivered at the World Assembly on Adult Education, Buenos Aires, Argentina,

Walbek, N. & Weiss, T. 1974. *A world order framework for teaching international relations*. New York: Institute for World Order.

Washburn, P. & Gribbon, R. 1986. *Peace without division: Moving beyond congregational apathy and anger*. Washington, DC: Alban Institute.

Wehr, P. & Washburn, M. 1976. *Peace and world order systems teaching and research*. Beverly Hills: Sage.

Weston, B., Schwenninger, S. & Shamis, D. 1978. *Peace and world order studies*. New York: Institute for World Order.

Wien, B. ed. 1984. *Peace and world order studies: A curriculum guide* (4th ed.). New York: World Policy Institute.